DIDEROT

LETTRES

A M. BIZOT DE FONTENY

A PROPOS DE

L'ÉRECTION DE LA STATUE DE DIDEROT

PAR L. FRANÇOIS

PREMIÈRE LIVRAISON

LANGRES

IMPRIMERIE ET LIBRAIRIE RALLET-BIDEAUD
3, rue de l'Homme-Sauvage, 3

1884

DIDEROT

LETTRES

A M. BIZOT DE FONTENY

A PROPOS DE

L'ÉRECTION DE LA STATUE DE DIDEROT

PAR L. FRANÇOIS

LANGRES

IMPRIMERIE ET LIBRAIRIE RALLET–BIDEAUD

3, rue de l'Homme-Sauvage, 3

1884

DIDEROT

ET SES TREIZE MAITRESSES

I. Mlle ***, langroise.
II. Une courtisane.
III. Mlle Desforges.
IV. La Lionnais.
V. Mlle Annette Champion.
VI. Mme de Prunevaux.
VII. Mlle Voland.

VIII. Mme du Puisieux.
IX. Mme de Blacy.
X. Mme Legendre.
XI. La Therbouche.
XII. Mlle Artaud.
XIII. Mlle Guimard.

PREMIÈRE

A M. BIZOT DE FONTENY

Langres, ce 1er juin 1884.

Monsieur,

Jusqu'ici je m'étais refusé à voir en vous autre chose qu'un ambitieux qui après avoir successivement *sauté* pour Louis-Philippe, pour Napoléon III, pour M. Thiers et pour le maréchal de Mac-Mahon, avait fini par *sauter* pour l'opportunisme quand il s'était aperçu que ce dernier régime pourrait le conduire, je ne dirai pas à l'honneur, mais du moins aux honneurs. A la vérité vous vous étiez associé aux pires mesures du gouvernement contre l'Eglise. Vous aviez voté pour l'expulsion des religieux. Vous aviez voté pour l'enseignement laïque, c'est-à-dire selon le sens officiel du mot, pour l'enseignement athée. Vous aviez voté pour la suppression du traitement des desservants et c'était, je ne l'ignorais pas, grâce à vos démarches et à celles de vos amis, que l'an dernier plus de quarante curés de la Haute-Marne s'étaient vus, contre toute justice, arracher de la main le morceau de pain que l'Etat leur doit comme indemnité pour les biens qu'il a volés à l'Eglise de France en 1789. Malgré cela, je persistais à croire que l'homme qui naguère encore faisait élever son fils par les révérends Pères Maristes et ses filles par les religieuses de Notre-Dame de Sion, était plutôt mené que meneur. Comme vous ne disiez rien à la Chambre, je me figurais que vous n'en pensiez pas plus, et qu'en dépit des apparences, la foi qui vous avait été inculquée dans votre enfance, au sein de votre famille et au Petit-Séminaire de Langres, était encore vivante dans le meilleur coin de votre âme.

Je croyais cela, hier, Monsieur ; je suis fâché de vous dire que je ne le crois plus aujourd'hui. Aujourd'hui j'estime que vous n'êtes rien moins qu'un sectaire. Comment suis-je arrivé à changer si vite de sentiment à votre endroit ? La conversation suivante que je viens d'avoir avec un de mes amis, vous l'expliquera ou plutôt l'expliquera à vos électeurs, que je tiens à mettre au courant de vos agissements, et auxquels dans ma pensée cette lettre s'adresse autant qu'à vous.

C'était donc ce matin à Blanchefontaine, entre neuf et dix heures :

— Eh bien, me dit mon ami en m'abordant et en me frappant familièrement sur l'épaule, où en est la grande manifestation que préparent pour le trente juillet prochain les républicains langrois ?

— En fait de république, répondis-je, je ne m'occupe guère que de celle des lettres ; tu sais du reste que j'évite soigneusement de lire le *Spectateur* par crainte de me fausser le goût : au surplus il y a plus de huit mois que je suis consigné dans ma Chambre par la maladie et c'est aujourd'hui ma première sortie. En matière de nouvelles, je suis donc aussi ignorant que l'étaient autrefois les ermites de la Thébaïde et sans exagération je pourrais te poser la question qu'ils faisaient, dit-on, aux curieux qui allaient parfois les visiter : « Se marie-t-on encore dans le monde, y bâtit-on encore des maisons ? »

— Des maisons, fit en riant mon ami, pourrait-on ne pas en construire, sous un gouvernement *maçonnique* ! Tous les maires de France ont en ce moment, comme diraient les spirituels habitants de mon village, la maladie de la pierre, je veux dire que tous ou presque tous sont occupés à bâtir des maisons d'école... Quant aux mariages, je crois qu'ils deviendront plus fréquents que jamais, lorsque le Sénat aura voté la loi sur le divorce et qu'on verra alors refleurir ces beaux jours de la république romaine où les femmes pouvaient se vanter d'avoir eu plus de maris qu'elles n'avaient vu de consulats, c'est-à-dire qu'elles ne comptaient d'années... Mais cessons de plaisanter. Aussi bien ce n'est ni de mariages, ni de maisons d'école que je voulais te parler, c'est d'une statue.

— Une statue, m'écriais-je, encore une statue ! mais la France, grâce aux républicains, en est déjà couverte ; quand je dis couverte je n'exagère rien. Pour ne parler en effet que des quatre dernières années, n'avons-nous pas vu élever deux statues à M. Thiers, l'une à Nancy et l'autre à Saint-Germain, deux statues à Rabelais, la première à Tours et la seconde à Chinon, deux statues à Rouget de l'Isle, l'une à Lons-le-Saunier où il est né, l'autre à Choisy-le-Roi où il est mort, une statue à Angers pour le peintre David, une statue à Niort pour M. Ricard, une statue à Sens pour Jean Cousin, une statue à Blois pour Papin, une statue à Liancourt pour La Rochefoucauld, une statue à Paris

pour Corot, une statue à Mugron pour Bastiat, une
statue à Nolay pour Carnot, deux statues dont l'une
à Paris et l'autre à Saint-Maixent pour le colonel
Denfert, une statue je ne sais plus où pour Alexandre
Dumas, une statue à Foix pour Lakanal, une
statue à Cahors pour Gambetta... Jamais, on peut
le dire, la France n'a produit plus de grands
hommes... en bronze, cela s'entend, que depuis que
M. Grévy préside à nos destinées. Et on pourrait
aujourd'hui en toute vérité répéter en le modifiant le
vers de Boileau :

> Aimez-vous la statue : on en a mis partout.

Je ne sais si tu penses comme moi, mais je trouve
qu'il y a abus. Que la France se montre reconnais-
sante envers ceux de ses enfants qui l'ont honorée
dans le passé, je suis loin de le trouver mauvais :
au contraire, j'estime que c'est un devoir pour les
nations aussi bien que pour les individus d'avoir ce
qu'on a si bien appelé la mémoire du cœur. Mais
encore faudrait-il y mettre quelque discernement.
Ce n'est pas en érigeant des statues que la Prusse
s'est relevée après Iéna, mais bien en construisant
des forteresses et en fondant des canons : ce n'est
pas en coulant en bronze des hommes d'une grandeur pour le moins contestable que la République
nous rendra le prestige et les provinces que nous
avons perdus à la bataille de Sedan.
— Au point de vue français tu as peut-être raison,
répartit mon ami, mais au point de vue républicain
qui, il faut bien que tu le saches, n'est pas toujours le
point de vue français, il me semble que tu as tort.
La France n'a rien à gagner, j'en conviens, à l'érection de toutes ces statues, mais les républicains y
trouvent leur profit. C'est pour cela précisément
qu'ils les multiplient tant. L'inauguration d'une
nouvelle statue est toujours à leurs yeux un évène-
ment heureux. Heureux pour les ministres qui
d'ordinaire viennent présider la fête et ont ainsi

l'occasion de faire admirer l'éloquence qu'ils ont, ou plutôt qu'ils croient avoir, en exposant ce qu'ils appellent leur programme de gouvernement ! Heureux pour le député de l'arrondissement qui lors même qu'il n'a reçu de la nature qu'une bouche de Démosthènes d'avant les cailloux, trouve moyen de debiter *chon* petit discours et de se refaire ainsi, quand la chose est encore possible, une virginité électorale ! Heureux pour le maire de la localité qui d'ordinaire reçoit la croix de la légion d'honneur ! Heureux pour les conseillers généraux de la région qui le soir, après avoir banqueté à l'hôtel de ville — aux frais des contribuables, cela va sans dire — portent aux ministres des toasts qu'on a bien soin d'imprimer dans le journal rouge du cru pour l'édification des naïfs électeurs et dans lesquels ils font semblant de plaider les intérêts de leurs cantons respectifs ! Heureux pour les mastroquets dans les établissements desquels il y a affluence ! Heureux pour les gamins des écoles qui ce jour-là ont la clef des champs et de la ville ! Heureux enfin pour les bons paysans qui le soir s'en retournent émerveillés dans leurs villages, parce qu'ils ont entendu dire par les ministres que la république serait la république des cultivateurs ou bien qu'elle ne serait pas ! Comprends-tu maintenant pourquoi les républicains érigent tant de statues ? Les statues sont pour eux, tu le vois, un véritable moyen de gouvernement, ou comme disaient nos pères, au temps jadis où l'on apprenait encore le latin dans nos collèges, un *instrumentum regni*.

— J'admire la profondeur de ton explication, répondis-je ; on croirait vraiment que tu as été nourri dans le sérail républicain, tellement tu en connais bien les détours. Mais sortons un peu je te prie de la région des généralités. Cette statue, dont tu allais me parler tout à l'heure lorsque je t'ai interrompu, où doit-elle être élevée ?

— Sur la place Chambeau, dont le nom en vertu d'une décision prise récemment par les vingt-trois anabaptistes que Langres s'est donnés pour conseillers municipaux, vient d'être changé...

— Que me dis-tu là, mon cher ? Quoi ! la place Chambeau ne s'appellera plus désormais place Chambeau ! Et il s'est trouvé vingt-trois conseillers pour approuver un pareil arrêté ! Mais il n'y avait donc parmi eux aucun archéologue pour leur faire remarquer que Chambeau est peut-être après Saint-Mammès l'endroit le plus sacré de Langres, au point de vue historique ; que si Saint-Mammès est notre berceau religieux, Chambeau est notre berceau civil et que lui enlever son nom qui remonte à plus de mille ans, car il en est fait mention dans une charte de l'an 887, c'était découronner Langres de ses plus chers souvenirs ! Voilà ce que c'est que d'avoir envoyé siéger à l'hôtel de ville, des Langrois de rencontre : comme ils sont nouveaux dans notre ville ils veulent que tout y soit nouveau ! Les Vandales, tu le sais, n'avaient pas une autre politique ou plutôt je me trompe et je calomnie les Vandales en les comparant à nos conseillers municipaux. L'histoire en effet ne dit pas que leur roi Genséric ait changé le nom de Carthage quand il s'en fut rendu maître.

— Je comprends ton indignation et pour mon compte je la partage. Nul plus que moi n'affectionnait cette vieille place Chambeau qui topographiquement est le centre de notre cité. Malgré son peu d'étendue et son apparence plus que modeste, j'en étais presque aussi fier que les Marseillais le sont de leur Cannebière et si j'avais eu le tempérament provençal, volontiers j'aurais dit comme eux : Si Paris avait un Chambeau ce serait un petit Langres. Je ne pouvais la traverser sans que le souvenir de vingt évènements historiques dont il me semblait qu'elle avait dû être le théâtre, se présentât à mon esprit. Je croyais y voir dressé le tribunal du préteur qui condamna nos premiers martyrs. Je croyais y voir les légions de Sabinus s'y réunissant pour marcher contre Vitellius et travailler à rendre à la patrie gauloise sa liberté perdue. Je croyais y voir au douzième siècle les bourgeois, nos ancêtres, s'y assemblant au son du beffroi pour s'y entendre lire leur charte d'affranchissement... Désormais, hélas, elle ne me rappellera plus que le souvenir du dernier des polissons et du premier des athées du dix-huitième siècle. Tu l'as deviné : je veux parler de Diderot. C'est à Diderot dont le centenaire arrive cette année même que nos édiles s'apprêtent à élever une statue. Il y a longtemps que cette statue est en projet. Elle n'est pas encore posée et déjà elle a son histoire, histoire à mon avis bien instructive et que je veux te faire connaître. Seulement comme mon récit sera long et que je tiens à ménager tes jambes de convalescent, viens je te prie, t'asseoir sous cet arbuste. Son ombre ne saurait manquer de nous être salutaire car il est doublement municipal : municipal en ce sens que c'est notre municipalité qui l'a fait planter, municipal en ce sens aussi qu'il sort de la pépinière de M. Jeanninel, conseiller municipal.

J'obtempérai au désir de mon ami : quand nous fûmes assis :

— Il faut d'abord bien que tu saches, me dit-il, que l'érection de la statue de Diderot est une œuvre essentiellement maçonnique. Elle est maçonnique quant à son but, car l'individu que l'on se propose de glorifier était franc-maçon ; Diderot en effet, nous dit l'histoire, appartenait de son vivant à cette Loge des Neufs Sœurs dont faisaient également partie Voltaire, d'Holbach et Helvétius et qui travailla si activement, selon le mot d'ordre du patriarche de Ferney, à « écraser l'infâme » c'est-à-dire le christianisme. (1) Elle est maçonnique aussi quant à son origine. L'idée première en effet de la manifestation qui se prépare est née dans les antres de la franc-

____

(1) Cfr. Deschamps : Les sociétés secrètes et la Société t. II p. 16.

maçonnerie. Elle remonte à plus de dix sept ans (1)
Si elle n'a pas été réalisée plus tôt, la faute — heureuse faute assurément et que je leur pardonne d'un
très grand cœur — la faute, dis-je, en est d'abord
à la guerre, ensuite à ce qu'on a appelé d'un bien
beau nom, qui hélas ne fut qu'à moitié mérité : le
gouvernement de l'Ordre moral. Tant que ce gouvernement dura, la secte renonça à élever un piedestal à son idole : mais à peine eut il été renversé qu'elle
s'occupa de donner suite à son projet. Les dates ici
sont significatives. Permets-moi de les rappeler. Le
Maréchal de Mac-Mahon, tu t'en souviens, démissionna le 30 janvier 1879. Or, moins de trois mois
après, c'est-à-dire au mois d'avril suivant M. de
Lanessan faisait dans la Loge d'*Union et Persévérance* une conférence sur Diderot, réclamant pour
ce soit disant philosophe une apothéose semblable à
celle dont Voltaire et Rousseau l'année précédente
avaient été l'objet (2). Dans l'intervalle s'était formé
à Langres, avec la complicité du maire de l'époque,
une société qui fit beaucoup de bruit à son début et
qui depuis, m'a-t-on dit, a rendu son âme à Dieu
sans lui rendre et, pour cause, son esprit : je veux
parler de la *société républicaine d'instruction*. Cette
société qui était une annexe de la franc-maçonnerie,
tout naturellement prit en main la cause de Diderot.
Dans le but de tâter l'opinion, dans le but aussi sans
doute de donner un peu de notoriété à son protégé
qui, quoique langrois est parfaitement inconnu des
quatre-vingts centièmes des habitants de la Haute-
Marne, elle résolut de donner une fête en son honneur. La date choisie fut le 3 Août 1879. Toutes les
mesures capables d'assurer le succès de la manifestation avaient été prises. L'orateur devait être une
des illustrations du conseil municipal de Paris,
ce même M. de Lanessan dont je t'ai parlé tout à

(1) Voir : Le *Monde maçonnique* n° de février 1867.
(2) Voir le *Monde maçonnique* n° de juillet 1879.

l'heure et qui sachant encore par cœur son discours
du mois d'avril précédent se proposait tout naturellement d'en donner une seconde édition. La veille
au soir avaient paru sur Diderot dans le *Spectateur*,
plusieurs articles très enthousiastes destinés à
chauffer à blanc, si possible, l'opinion publique et
signés des plus grands noms de la littérature
maçonnique, à commencer par M. Létourneau et à
finir par M. Dutailly le feuilletoniste anti-religieux
de la *Gazette des Travailleurs*. Tous nos sénateurs et
tous nos députés, à l'exception toutefois du docteur
Mougeot avaient envoyé des lettres d'adhésion on ne
peut plus gracieuses. M. Bizot obligé de rester à
Paris pour remplir ou pour mieux dire pour toucher
son mandat legislatif avait fait savoir que s'il n'était
pas présent de corps, il serait du moins présent par
« la pensée » et les organisateurs de la fête pouvaient
espérer qu'une foule de Langrois seraient attirés à la
conférence par l'espoir de voir de près une fois en leur
vie la « pensée » de leur savant représentant.
M. Gardiennet, maire de Langres, en son nom
propre et au nom du conseil municipal, avait de son
côté, déclaré s'associer d'avance à l'éloge qui serait
fait de celui qu'il appelait le « plus grand de nos
concitoyens » et il avait mis le théâtre de la ville à la
disposition de la *société républicaine*. Enfin, ce qui
faisait, comme diraient les anglais, le *great attraction*
de la séance, c'est que le fauteuil de la présidence
devait être occupé par M. le vétérinaire Darbot...
Dans de telles conditions il semblait que la manifestation ne pût échouer. Elle échoua cependant et à
partir de ce jour, deux choses furent démontrées.
La première, c'est qu'à Langres le suffrage universel
refusait formellement de s'associer à la glorification de Diderot : malgré tout le zèle déployé par les
agents de la *société républicaine* pour amener du
monde au théâtre, M. de Lanessan, en effet, n'eût
guère pour auditeurs que deux cinquante personnes
et encore, sur ces deux cent cinquante personnes il
y en avait au moins une centaine qui étaient venues

là dans un esprit d'hostilité. La seconde chose qui, à dater du 3 août demeura acquise à l'histoire c'est que Diderot portait malheur aux Langrois. Ce jour-là en effet il faillit être cause de la disparition de leur plus bel ornement ou pour parler sans figure, de leur conseil municipal. Voici comment. M. de Lanessan avait tracé de Diderot dans son discours un portrait très exact et qui par cela même qu'il était très exact était très repoussant. Il l'avait montré prêchant aux autres et pratiquant pour son compte l'amour libre : il l'avait montré préconisant en politique le système de l'autonomie individuelle, c'est-à-dire le retour à l'état sauvage: il l'avait montré enfin vomissant pendant sa vie contre Dieu et la Sainte-Vierge les plus affreux blasphèmes et mourant comme un solidaire en prononçant cette parole qui est le résumé de tous ses écrits : *Le premier pas vers la philosophie, c'est l'incrédulité.* Cette exhibition du vrai Diderot donna des hauts-le-cœur à toute la partie honnête de l'auditoire. Les journaux conservateurs de Langres protestèrent. L'opinion publique s'émut. M. Gardiennet avec cette prudence centre gauche qui le caractérise fit... comme l'opinion publique. Non content de désavouer solennellement et le conférencier auquel pourtant la veille, il avait donné un blanc-seing et le philosophe que quelques jours auparavant il avait proclamé « une des gloires de la France et surtout de Langres sa ville natale » il remit entre les mains de M. le sous-préfet sa démission de maire. Le conseil municipal se partagea en deux camps. De même qu'il y avait eu autrefois à Dordrecht des Remontrants et des Contre-remontrants, ainsi y eût-il à notre hôtel-de-ville des Diderotistes et des anti-Diderotistes. Un des plus chauds parmi ces derniers, si mes souvenirs sont bien fidèles, était M. Naudet. Cet excellent docteur auquel, je crois, songeait Montaigne quand il a défini l'homme « un être ondoyant et divers » cet excellent docteur, dis-je, avait été un des promoteurs de la manifestation et le 3 août il avait assisté sur l'estrade c'est-à-dire en lieu officiel à la Conférence. Mais la chose ayant mal tourné, à l'exemple de certain brave personnage dont nous parle l'histoire, il s'était empressé de se laver les mains devant le peuple. C'était un spectacle vraiment comique que de le voir protester de son innocence : au seul nom de Lanessan il se signait comme une vieille femme et il suffisait qu'on prononçât devant lui le nom de Diderot pour qu'il se voilât pudiquement la face. Un journal de la localité ayant insinué qu'il n'était pas impossible qu'il appartînt à la franc-maçonnerie, dans son désir de se justifier il alla jusqu'à déclarer publiquement qu'il ne savait même pas s'il existait une franc-maçonnerie. Cependant, il continuait à se faire du bruit dans notre Landerneau. La querelle s'envenimait. M. le préfet Pointu fut obligé de faire le voyage de Chaumont à Langres pour essayer de remettre la paix dans le ménage municipal. Il y réussit, non sans peine toutefois. M. Gardiennet reprit son écharpe de maire. Mais à partir de ce moment sa fortune politique ne fit plus que décroître. Quelques jours après, M. de Lanessan justement irrité de ce qu'il l'avait si vite jeté à l'eau, lui adressait de Paris une lettre méprisante et indignée dont chaque phrase était pour ainsi dire un coup de cravache. (1) Aux élections de 1881, un autre déboire attendait M. Gardiennet. Il n'arriva que parmi les derniers sur la liste républicaine et par conséquent ne put être renommé maire. Presque isolé au sein du nouveau conseil où il ne comptait plus que quelques rares amis, il en fut réduit l'année dernière à donner sa démission. Après avoir été tout autrefois, aujourd'hui il n'est plus rien. La cause de sa chute à la fois si rapide et si profonde, à mon avis, c'est Diderot. Diderot en effet est comme ces divinités de l'ancienne Phénicie qui *tôt ou tard* dévoraient leurs adorateurs.

Ici j'interrompis mon ami :

(1) Voir la *Haute-Marne* du 10 août 1879.

— Après ce piteux échec, ou plutôt après cette leçon que venait de lui donner le public langrois, en s'abstenant de paraître à la conférence et en protestant après coup contre le conférencier, la *Société républicaine d'Instruction*, demandai-je, se tint-elle pour battue ?

— Non, me répondit-il, elle continua à agiter l'opinion en faveur de Diderot et, comme sa voix, continuait aussi à n'être pas .entendue, en 1882, le collège de Langres pour la grossir vint y joindre la sienne.

A ce mot de « collège » je ne pus retenir un mouvement de surprise :

— Comment, m'écriai-je, le collège...

— Oui, mon ami, le collège, le collège de Langres, lui-même. Mais en vérité, mon cher, ton étonnement m'étonne. Si tu vivais un peu moins avec tes livres et un peu plus avec les hommes, tu saurais deux choses. La première, c'est qu'actuellement les maisons d'instruction universitaire reçoivent leur mot d'ordre des chefs de la franc-maçonnerie : la seconde, c'est que notre collège est un établissement municipal et que, comme tel, il est obligé de faire cause commune avec notre municipalité. La reconnaissance de l'estomac lui en fait un devoir : c'est le seul moyen qu'il ait de payer les intérêts des trente ou quarante mille francs que nos conseillers lui donnent chaque année. Il n'y a donc rien de surprenant, tu le vois, à ce qu'il ait approuvé l'érection de la statue de Diderot qui est une œuvre à la fois municipale et maçonnique ou, si tu aimes mieux, maçonnique et municipale. Du reste, il n'y a pas à discuter. Les faits sont là. Tu n'as qu'à prendre le *Spectateur* du 4 août 1882 et tu y trouveras un discours prononcé la veille même à la distribution des prix du collège par M. Tellier, professeur de rhétorique, et dans lequel, à la suite d'un éloge plus que dithyrambique de Diderot, se lisent ces paroles : « Diderot a donné à sa ville l'immortalité : que lui a-t-elle donné en retour? Rien jusqu'ici.

Mais l'heure approche où cette omission sera réparée. Langres doit à Diderot une statue ; elle la doit surtout à la France qui se repose naturellement sur elle du soin de la lui élever. Vous choisirez pour vous acquitter, l'année 1884, centenaire de la mort du grand écrivain, et ce sera là une belle et illustre fête que notre intelligente (!!!) municipalité donnera à notre patrie tout entière. » Est-ce clair ?

— Hélas ! oui, c'est clair, c'est même trop clair, et j'avoue que, si j'étais père de famille, j'y regarderais à deux fois avant de confier l'éducation de mes enfants à des hommes qui professent une telle admiration pour le boueux auteur des *Bijoux indiscrets*. Mais dis-moi, puisque tu connais si bien tout ce qui se rattache à l'histoire de la statue en question, voudrais-tu me donner encore quelques renseignements. Y a-t-il un comité chargé d'en préparer l'érection ?

— Il y en a même deux : l'un à Paris et l'autre à Langres. Celui de Paris se compose de nos deux sénateurs, de nos trois députés, de M. de Lanessan, de M. Corbon, un barricadier de 48 à qui les francs-maçons ont donné un siège d'inamovible au Sénat pour le récompenser des services que depuis longtemps il rend à la secte, et enfin de Victor Hugo.

— De Victor Hugo ? mais cela n'est pas croyable ! Victor Hugo a dans ses écrits des pages d'une extrême virulence contre les philosophes voltairiens et en particulier contre Diderot. N'est-ce pas lui, en effet, qui dans ses *Rayons et Ombres* a flétri ainsi le dix-huitième siècle :

> Honte à tes écrivains devant les nations !
> L'ombre de tes forfaits est dans leur renommée.
> Comme d'une chaudière il sort une fumée.
> Leur sombre gloire sort des révolutions.

N'est-ce pas lui aussi qui dans sa *Littérature et philosophie mêlées* a appelé l'Encyclopédie laquelle, comme tu le sais, est la principale œuvre de Diderot : « un livre où des hommes qui avaient

voulu prouver leur force n'ont prouvé que leur faiblesse : un monument monstrueux dont le *Moniteur*
de notre Révolution est l'effroyable pendant. » Comment, veux-tu, qu'après avoir attaché ainsi Diderot
au pilori de l'histoire, il ait prêté l'appui de son nom
à ceux qui aujourd'hui veulent lui élever une
statue ?

— Ce que tu regardes comme impossible, mon
cher ami, je le regarde moi, non seulement comme
vrai puisque le *Spectateur* l'affirme et qu'en matière
de comité maçonnique ce journal mérite d'être cru,
mais encore comme parfaitement vraisemblable.
Ignores-tu donc, par hasard, que depuis cinquante
ans, Victor Hugo n'a guère fait autre chose que
brûler ce qu'il a adoré et adorer ce qu'il a brûlé pendant les trente premières années de sa vie ? Quoi
d'étonnant, dès lors, qu'il s'associe aujourd'hui à la
glorification d'un écrivain qu'il a jadis marqué au
front du fer rouge des malfaiteurs de lettres. Il est
habitué à se déjuger lui-même et c'est précisément
pour cela, j'imagine, que nos sénateurs et nos députés lui ont décerné la présidence d'honneur de leur
comité parisien. En gens d'esprit qu'ils sont tous,
ils ont compris que pour fêter un philosophe qui,
comme Diderot, a été l'homme de toutes les contradictions, il fallait faire choix d'un poëte qui, comme
Victor Hugo, eut été l'homme de toutes les palino-
dies. Comprends-tu cela ?

— Je comprends parfaitement, mon cher, et
volontiers je te répondrais comme Pandor dans la
chanson de Nadaud : Brigadier, vous avez raison.
Seulement j'estime que tu aurais encore bien plus
raison si tu me parlais un peu du comité langrois.
Quels en sont les membres ?

— Je n'ose pas te les nommer : tu rirais trop.

— Nomme toujours, mon cher. Il est possible
que je rie. Mais, quel mal y aurait-il, après tout ?
Est-ce qu'un philosophe gaulois n'a pas dit qu'il
fallait bien rire quelquefois ou qu'autrement on ne
rirait jamais?

— Puisque tu insistes, je vais m'exécuter. Le comité langrois se compose de... nos conseillers municipaux, c'est-à-dire...

— Je te dispense du : *c'est-à-dire*, mon cher. Je sais qui tu vas me nommer. Tu vas, sans doute, me nommer Carton, n'est-ce pas : eh bien, je te répondrai que rien qu'à cause de son nom, celui-là n'aurait pas dû accepter de faire partie du comité Diderot. Il aurait dû prévoir que les réactionnaires s'amuseraient à ses dépens et appelleraient son protégé : le philosophe de carton. Tu vas, sans doute, me nommer aussi Déclerc, soit. Passe encore pour celui-là qui, en résumé, est un homme de lettres puisqu'il enseigne, je ne sais pas quoi — probablement le catéchisme républicain — au Collège. Mais les autres? Les autres sont tous ou presque tous des illettrés à commencer par Horiot et à finir par Monssu. Et ce sont ces illettrés qui se sont mis en tête de célébrer le centenaire d'un écrivain. En vérité, c'est une comédie !

— Oui mon ami, tu as dit le vrai mot : c'est une comédie : comédie pour Diderot qui au lieu d'être flatté, sera profondément humilié dans l'autre monde, de se voir exalté dans celui-ci par des hommes qui ne sont pas même capables de comprendre ses écrits : comédie aussi pour le public : car en résumé, le but que l'on a voulu atteindre en organisant une manifestation en l'honneur de Diderot, ce n'est pas d'honorer la mémoire d'un compatriote, c'est d'insulter à la foi religieuse de toute une cité.

— Encore un mot, mon cher, et je te quitte car je m'aperçois que l'aiguille tourne et que l'heure de ton déjeûner ne tardera pas à arriver. La statue en question, avec quel argent sera-t-elle élevée?

— Je te remercie d'avoir bien voulu me poser cette question. Elle va me fournir l'occasion de faire une chose que j'aime beaucoup; je veux dire des mathématiques. M. Ferry est devenu ministre pour avoir vérifié les comptes d'Haussmann : essayons un peu de vérifier ce que j'appellerai les comptes de

Diderot : peut-être que par ce moyen nous parviendrons à être présidents de la République. Qui sait? Je voulais donc te dire qu'une souscription a été ouverte...

— Eh bien cette souscription a-t-elle réussi?

— Non, elle a échoué de la manière la plus complète, la plus piteuse, la plus humiliante qu'il soit possible d'imaginer. C'est précisément ce que j'ai l'intention de te faire voir. J'ai pris la peine de relever dans le *Spectateur* toutes les sommes qui ont été souscrites depuis l'année 1882, date de l'ouverture de la souscription, jusqu'au 1er juin 1884 (1). Si mes calculs sont bien exacts et j'ai tout lieu de croire qu'ils le sont, le comité diderotiste doit avoir actuellement en caisse, vingt-deux mille six cent soixante quinze francs dix centimes, y compris trois journées d'homme et de cheval promises par l'archi–citoyen Lambert-Carré, des Auges, et que le *Spectateur*, sans dire au juste s'il estimait plus les journées de l'homme que celles du cheval ou les journées du cheval que celles de l'homme, a évaluées à vingt-cinq francs (2). Or, de ces vingt deux mille six cent soixante quinze francs dix centimes, il faut d'abord défalquer les six mille francs donnés par MM. de Vandeuil. Ces messieurs dont toute la vie est, on le sait, une haute protestation contre les doctrines de Diderot leur aïeul, et qui, personne ne l'ignore, ont des idées politiques diamétralement opposées à celles des promoteurs du centenaire, en envoyant leur offrande, n'ont certes pas voulu par là s'associer à la manifestation athée qui se prépare. Leur souscription est un don particulier fait pour des motifs particuliers : ce n'est pas une adhésion et il faut l'effacer du total. Restent donc seize mille

(1) Cette opération qui ne m'a pas pris peu de temps était nécessaire, car le *Spectateur* honteux du maigre produit de la souscription, n'a pas encore osé en additionner le résultat total : il n'a publié que des listes partielles.

(2) Voir le *Spectateur* du 5 août 1883.

six cent soixante quinze francs dix centimes, toujours y compris les journées des Lambert homme et cheval. Or, de cette somme on doit encore retrancher dix mille huit cent cinq francs qui représentent dans la souscription ce que j'appellerai l'argent volé, c'est-à-dire l'argent pris dans la poche des contribuables sans leur consentement. Ces dix mille huit cent cinq francs se décomposent comme suit :

Ministère de l'Instruction publique. .	3.000
Département	3.000
Ville de Langres.	3.000
Ville de Paris.	1.000
— du Hâvre	100
— de Montbrison.	10
— de Vienne.	25
— de Montpellier.	100
— de Bourges.	50
— de Grenoble	50
— de Perpignan	100
— de Perpignan (2ᵉ envoi). .	50
— de Toulon	100
— de Bourges.	50
— d'Issy.	30
— d'Issoudun	25
Commune de Varennes-s-Amance.	50
— id. (2ᵉ envoi).	30
— de Beauchemin.	25
— de St-Maurice.	10
Total	10.805

Si l'on enlève de la caisse diderotique, comme c'est justice, ces dix mille huit cent cinq francs, il n'y restera plus que cinq mille huit cent soixante dix francs. Mais sur ces cinq mille huit cent soixante dix francs il y a encore plusieurs réductions à faire. Il faut en retrancher selon moi les deux mille francs du czar de Russie.

— De quel czar veux-tu me parler?

— Du czar actuellement régnant, d'Alexandre III.

Mais je m'aperçois, mon cher, que je parle hébreu pour toi et que tu ne connais pas le fait anquel je veux faire allusion. Eh bien je vais te le raconter. C'était donc le 8 février 1883. Retiens bien cette date, elle est aussi importante dans l'histoire que celle de la création du monde. Ce jour-là nos vingt-trois conseillers municipaux se réunirent à l'hôtel de ville. Au début de la séance, M. le maire Darbot se leva et prononça le discours suivant dont grâce à une indiscrétion, j'ai pu me procurer le texte :

« Messieurs,

« Il me vient une idée lumineuse (mouvement d'attention dans l'assistance : le facétieux docteur Naudet se penche vers son voisin et fait cette spirituelle remarque : une idée lumineuse ! pardienne, cela n'est pas étonnant, tous les becs de gaz sont allumés).

« Notre illustre compatriote Diderot (très bien, très bien), Diderot la gloire de notre ville, Diderot notre modèle (applaudissements), Diderot, dis-je, en brûlant force encens sous le nez de Catherine II de Russie, obtint d'elle qu'elle achetât sa bibliothèque et qu'elle lui fît une pension annuelle de mille francs (Bravo, bravo, sur plusieurs sièges : Boinet fait tout bas cette judicieuse réflexion : j'aimerais mieux une sous-préfecture qu'un traitement de mille francs). Or, il me semble qu'en employant le même moyen, nous arriverions au même résultat. Catherine II n'est plus, messieurs (marques d'étonnement sur plusieurs sièges : M. Monssu qui croit que Catherine II vient de mourir, a la larme à l'œil). Mais son arrière petit-fils est encore sur le trône. Envoyons-lui une lettre aussi complimenteuse que nous pourrons la faire : peut-être en retour, consentira-t-il à souscrire pour la statue de Diderot. » Sa motion terminée, M. Darbot s'assit et la délibération commença. « Ce que nous propose M. le maire, dit un membre de l'éxtrême gauche, est tout simplement une indignité. Quoi ! nous, républicains, nous irions nous avilir en génuflectant devant un monarque. « Quoi ! nous français, nous irions nous humilier, et non seulement nous humilier, mais humilier avec nous la ville que nous représentons, en tendant la main à un étranger ! Mais messieurs vous n'y pensez pas ! » — « Le scrupule de notre collègue, dit M. Naudet, fait vraiment voir trop de délicatesse. D'abord, Messieurs, ce n'est pas s'avilir que d'écrire à un souverain : après tout, comme l'a dit un poëte que je me souviens d'avoir étudié dans mon enfance — je ne sais plus si c'était Démosthènes ou bien Lucullus, — ces malheureux rois dont on dit tant de mal, ont du bon quelquefois. Du reste, qui de vous n'a pas été plus ou moins monarchiste dans le passé et qui pourrait jurer de ne l'être jamais dans l'avenir. Nous ne pouvons répondre de rien. Quant à la question de patriotisme soulevée tout-à-l'heure par l'honorable préopinant, je crois qu'elle n'a rien à voir ici. Est-ce que nous ne sommes pas citoyens du monde? Est-ce que partout où il y a des hommes là n'est pas la patrie. Messieurs, je conclus à la prise en considération de la proposition de M. Darbot. »

Cette doctorale allocution débitée avec cette mimique que tout le monde connaît, impressionna vivement le conseil. On allait procéder au vote quand M. Petit demanda la parole : « Messieurs, dit-il, plus que personne j'admire l'éloquence et surtout l'érudition de mon vieil ami Naudet. Je reconnais avec lui que ni le souci de notre dignité ni les susceptibilités de notre patriotisme ne sont des obstacles à ce que nous écrivions à S. M. le czar de Russie. Mais il est un autre obstacle dont il n'a pas parlé, et celui-là à mon avis est insurmontable. C'est la logique. Nous ne voulons point de rois chez nous, nous ne pouvons pas les louer chez les autres : ce serait nous contredire. On ne saurait avoir ainsi deux poids et deux mesures ! » Ces mots « deux poids et deux mesures » amenèrent je ne sais pourquoi un sourire sur les lèvres de M. Boinet : « Bast, dit-il, moi j'estime que l'argent n'a pas de couleur et qu'il est toujours bon à prendre, qu'il sorte d'une main monarchique ou qu'il vienne d'une main républicaine. Ecrivons. » Et là-dessus, prenant sa plume il rédigea une lettre si servile, qu'elle scandalisa, si ma mémoire est fidèle, jusqu'à la *Justice* elle-même, journal de M. Clémenceau, et dans laquelle Catherine II, le bourreau de cette héroïque France de l'Est qu'on appelle la Pologne, dont le sang a été vingt fois mêlé avec le nôtre sur le champ de bataille, était qualifiée de « grande » et de « glorieuse impératrice. » Tous nos édiles, même le conseiller d'extrême gauche, même M. Petit qu'avait sans doute converti la réflexion de Boinet, signèrent ce papier adulateur qui le jour même fut envoyé au czar. Six mois plus tard, ou pour préciser les dates, le 20 juillet suivant, Alexandre III chargeait le prince Orloff son ambassadeur à Paris, de transmettre sa réponse à M. Darbot. Cette réponse était un double billet de mille francs.

— Un double billet de mille francs ! Le cadeau était plus que royal ; seulement je trouve que cet argent-là est de l'argent honteux, car enfin c'est la récompense des honteuses flatteries de Diderot envers Catherine II et des flatteries plus honteuses encore de nos conseillers envers Alexandre III !

— Tu raisonnes d'or, mon ami, et c'est précisément parce qu'à mon avis ces deux mille francs sentent mauvais que je dis que par pudeur on doit les faire disparaître de la souscription, laquelle dès lors ne s'élèvera plus qu'à la somme de trois mille huit cent soixante dix francs.

— Eh bien ! mais je trouve que c'est encore un beau chiffre !

— Attends là, mon cher, attends là. La démonstration que je poursuis n'est pas encore finie. Nous avons parlé tout à l'heure de l'argent volé, puis de l'argent honteux. Il est une troisième espèce d'argent qui selon moi ne doit pas non plus entrer en

ligne de compte : et que j'appellerai l'argent officiel.
J'entends par là les sommes souscrites en leur nom
personnel par MM. les conseillers généraux républicains de la Haute-Marne. Ces Messieurs ayant
pris l'initiative de la manifestation ne pouvaient pas
faire autrement que de prêcher d'exemple en met-
tant eux-mêmes la main à leur poche. Or à eux tous
ils ont donné dix-sept cent vingt francs qui se
décomposent ainsi :

Bizot de Fonteny	200
Danelle	200
Dutailly	200
Donnot	200
Capitain	100
Al. Rozet	200
Pélissier	100
Darbot	100
Dailly	50
Martin	50
Flammarion	50
Linet	40
Giros	50
De Montrol	50
Mougeot	25
Claudel	50
Barbot	20
Noble	20
Pasquier	10
Geoffroy	5
Total	1720

Fais toi-même la soustraction : si je sais encore
un peu d'arithmétique, nous n'avons plus dans la
caisse à Diderot que deux mille cent cinquante francs,
ou pour mieux dire, sept cents francs.

— Comment cela, sept cent francs?

— C'est que vois-tu, j'estime qu'il faut encore
retrancher de notre total une somme ronde de quatorze cent cinquante francs qui proviennent d'autres

sources ou tout à fait officielles, ou du moins semi-officielles, comme par exemple les trois cents francs souscrits par nos conseillers municipaux; comme par exemple encore, les deux cents francs envoyés par M. Grévy

— Qu'ai-je entendu mon cher? mes oreilles ne m'ont-elles point trompé? tu me dis que M. Grévy a donné deux cents francs! C'est bien vrai?

— Aussi vrai que M. Vilson est son gendre et qu'il se sert quelquefois de la griffe présidentielle pour sa correspondance privée.

— Comment! il s'est résolu à entamer le joli traitement de douze cent mille francs que lui fait chaque année la France, pour le récompenser de ce qu'il veut bien prendre la peine d'habiter le palais de l'Elysée! Mais c'est tout ce qu'il y a au monde de plus invraisemblable!

— Invraisemblable tant que tu voudras, mon cher, mais cela est. Du reste rien ne nous prouve que M. Grévy en ait été réduit à cette extrémité d'entamer son traitement : il est très possible qu'il ait pris les deux cents francs en question dans sa petite bourse, je veux dire sur les soixante dix mille francs de primes qu'il a gagnés l'an dernier en recevant comme président de la République ses souscriptions d'homme privé au Crédit foncier.

— Soit, j'admets ton explication, mais il me semble qu'au lieu d'envoyer ses deux cents francs au comité Diderot, le président de la République aurait mieux fait de les donner à celui de ses cousins et à celle de ses cousines qui, il n'y a pas huit mois, après avoir imploré en vain sa générosité de parent, sont allés mourir de privation sur un grabat d'hôpital.

— Il me le semble aussi, mon cher, mais laissons ce sujet sur lequel il y aurait trop à dire. Quand tu m'as interrompu je commençais à te faire l'énumération de ce que j'ai appelé la souscription semi-officielle. Dans cette catégorie, à côté des deux cents francs de M. Grévy, il faut encore placer les cinq francs de la loge maçonnique d'Aurillac, les soixante dix francs de MM. les sénateurs Corbon et Pelletan, et les huit cent soixante quinze francs de nos députés.

— Nos députés! Ils ont donc souscrit ?

— Oui, mon cher.

— Tous ?

— Non, certes! pas tous, pas même le plus grand nombre : ceux-là seulement qui font partie du groupe législatif auquel appartient M. Bizot. Du reste, la modicité de leur offrande — sur cent quarante quatre, qu'ils sont, il n'y en a que six qui aient donné plus de cinq francs — la modicité de leur offrande, dis-je prouve qu'ils n'ont pas pour Diderot un bien vif enthousiasme. S'ils ont souscrit, c'est par bienséance. M. Bizot est allé leur tendre la main. Ils ne pouvaient refuser. Entre collègues, cela ne se fait pas.

— Je comprends. Mais, si ces députés n'ont pas pour eux la quantité, ils ont du moins sans doute la qualité, ce sont les illustrations la Chambre ?

— Tu vas juger, mon cher.

Voici la liste de souscription telle quelle a été envoyée de Paris par M. Bizot. En tête figurent trois hommes dont je te prie de lire les noms séparément parce qu'autrement ils formeraient une phrase qui aurait un sens quelque peu diderotique, je veux dire malpropre : ce sont MM. Margue, Salis, Constans. Viennent ensuite MM. Roquet, Poulet, Cadet, Floquet, Codet, Leydet, Levet, Marquiset, Girodet Maret, Baltet, Marion, Talon, Papon, Michon, Hérisson, Pradon, Bertholon Desmos, Vermond, Révillon, Gambon - Gaillard, Girard, Guichard, Achard, Picard, Lombard, Féau, Denizeau, Girault, Guillot...

Assez, mon cher, assez. Restes-en à Guillot. Aussi bien ce que tu viens de citer suffit à me fixer sur la valeur des patrons que Diderot a actuellement à la chambre. Mais ce sont tous des inconnus !

— Inconnus, oui, mais pas de tout le monde ils sont parfaitement connus à la questure du palais Bourbon, va! Mais revenons à nos moutons c'est-à-dire à nos chiffres. De réduction en réduction, après avoir successivement défalqué, l'argent de la famille, l'argent volé, l'argent officiel, et l'argent semi-officiel, nous étions arrivés à un total qui ne montait plus qu'à sept cents francs. Il me resterait maintenant à retrancher ce que j'appellerai l'argent étranger, c'est-à-dire les sommes versées par des individus qui ne sont pas de la Haute-Marne; par exemple, les cent francs de la société des gens de lettres; les cent quatre francs produits par une conférence faite je ne sais ni où ni sur qui par M. de Lanessan; les vingt cinq francs qu'a donnés M. Ch. Baggio du Pas de Calais, les vingt francs envoyés par un docteur Sanrey de Batna en Algérie, et beaucoup d'autres souscriptions dont je t'épargne le détail.

— Eh bien, finalement?

— Finalement, sais-tu à combien s'élèvent les souscriptions uniquement haut-marnaises.

— A mille francs?

— A beaucoup moins que cela.

— A cinq cent francs?

— A moins que cela encore.

— A combien alors?

— Elles se montent à .... quatre cent six francs quatre vingt cinq centimes.

— Pas à plus? Mais c'est un échec!

— C'est plus qu'un échec, mon cher, c'est un soufflet, un soufflet que le bon sens et l'honnêteté des habitants de notre beau département donnent aux sinistres farceurs qui du haut des gradins du piédestal de la statue de Diderot s'apprêtent à montrer le poing à Dieu. Qu'ils ne viennent plus maintenant nous dire qu'ils représentent l'opinion publique. L'opinion publique se détourne d'eux avec dégoût. Voilà deux fois qu'elle les condamne : elle les a déjà condamnés, tu te souviens comment, le

3 aout 1879 : elle les condamne encore aujourd'hui, c'est ce que démontrent, si je ne m'abuse d'une manière péremptoire, les calculs auxquels je viens de me livrer. Quatre cent six francs quatre vingt cinq centimes ! un peu moins que les gages d'un garçon de ferme : voilà donc ce que les haut-marnais estiment la gloire de Diderot. C'est encore trop, j'en conviens. Mais enfin il faut avouer que ce n'est guère. Et cependant Dieu sait la peine que s'est donnée le *Spectateur* pour battre comme il dit « le rappel des écus ! » Dans son désir de voir sa caisse se remplir, il est allé jusqu'à employer de vrais trucs de charlatan. Il y a telle souscription qu'il a fait figurer plusieurs fois sur ses listes. Celle de M. Grévy par exemple qu'on avait déjà pu lire dans le numéro du 25 juillet 1883 repa rut comme étant de date récente dans le numéro du 2 mars 1884. C'était une manière de dire aux bons lecteurs : « Mais, Messieurs, souscrivez donc, vous serez en bonne compagnie, M. Grévy vous donne l'exemple ». Je ne dis rien des appels faits au public par le journal rouge. Il y en a de toutes les espèces. Il y en a de caressants à l'adresse des simples particuliers aux quels on annonce (1) qu'on est allé à Paris, qu'on a vu dans les ateliers de M. Bertholdi la statue de Diderot, que le grand philosophe est « représenté debout, la chemise ouverte, la cravate flottante que sa main tient un livre ouvert, que sa bouche va parler que son œil sourit *(sic)*. » Il y en a de grondeurs à l'adresse des conseillers municipaux que l'on gourmande de leur peu de zèle à quêter : « le temps marche, leur dit-on, et vous êtes loin d'en faire autant » (2). Il y en a dans toutes les langues, même dans celle des dieux, car je me souviens d'avoir lu dans le *Spectateur* du 6 avril dernier sous la signature de G. Delécolle une pièce

(1) Voir le *Spectateur* du 16 décembre 1883.
(2) Voir le *Spectateur* du 6 août 1883.

des vers dont j'ai retenu quelques strophes. Ecoute moi cela :

> Langres a produit Diderot
> Ce nom-là sonne un peu plus haut
> Que nous la cloche de sa gloire (1)
> C'est grâce à cet illustre enfant
> Qu'elle peut d'un air triomphant
> Forcer la porte de l'histoire.

> Aussi Langrois, vous l'aimez bien
> Votre Diderot ! Il n'est rien
> Que vous ne soyez prêts à faire,
> Pour le fêter superbement,
> Quand enfin viendra le moment
> De son glorieux centenaire

> Mais pour que celui-ci soit beau,
> Il faut que du haut du plateau (2)
> Jusqu'au bas chacun s'évertue
> — Gens de la ville ou faubouriens —
> A propager par son moyen
> La chère œuvre de la statue.

— Comment trouves-tu ces vers, mon cher ?

— Admirables, nouveaux, et volontiers si j'étais une des trois femmes savantes de Molière, je dirais au Trissottin langrois qui les a écrits, ou bien comme Armande :

> Chaque pas dans vos vers rencontre un trait charmant !

Ou bien comme Bélise :

> Partout on s'y promène avec ravissement.

Ou bien enfin comme Philaminte :

> On n'y saurait marcher sur de plus belles choses
> Ce sont petits chemins tout parsemés de roses.

— Moi aussi, mon cher, je trouve ces vers beaux,

---

(1) La *cloche* à notre avis est digne de la *gloire* : ce n'est pas une cloche, c'est un chaudron. (N. d. R.)

(2) Il s'agit ici, croyons-nous, du plateau orographique de Langres et non de M. Plateau, de Farincourt, inspecteur primaire de l'arrondissement. Nous en avertissons charitablement les lecteurs qui auraient pu s'y tromper. (N. d. R.).

presqu'aussi beaux... que de la prose. Mais cessons de plaisanter. Je n'en ai plus le cœur. Tu me demanderas peut-être après cela quels sont ceux de nos compatriotes qui ont contribué de leur bourse à l'érection du bronze blasphémateur qui doit s'appeler la statue de Diderot. Bien qu'ils ne soient pas nombreux — une cinquantaine à peu près — je n'ai pas le temps de te les citer tous. J'entends midi qui sonne à l'horloge de Saint-Martin et je suis obligé de te quitter. Il en est cependant six que je tiens à te nommer, parce que leur souscription revêt un caractère particulier de gravité et qu'elle jette un triste jour sur la situation où grâce à la bande de solidaires qui nous gouverne, en est actuellement la France. Ce sont :

MM. Marchand, instituteur, de Perrancey;
  Maitrier, instituteur de Noidant-le-Rocheux;
  Mugnier, instituteur de Corgirnon;
  Voillemin, instituteur de Peigney;
  Renard, instituteur des Loges;
  Chatelain, instituteur de Donjeux.

Je ne sais si tu penses comme moi, mon cher, mais j'estime qu'une société ou six maîtres de la jeunesse peuvent, non seulement avec la certitude de l'impunité, mais encore avec l'espoir fondé d'un avancement, faire ainsi, en souscrivant pour la statue d'un athée, profession publique d'athéisme, j'estime dis-je, qu'une telle société est à jamais perdue.

. . . .

Mon ami s'éloigna sur ces paroles. Il était en proie, ses dernières réflexions le prouvent assez, à une vive émotion.

Je n'ai pas besoin de vous dire, Monsieur, que cette émotion ne tarda pas à me gagner moi-même. Plusieurs fois au cours du récit de mon ami, je m'étais laissé aller à rire de votre projet que je regardais comme une chose avant tout ridicule.

Mais abandonné à moi-même, je finis par comprendre que c'était, avant tout, une chose odieuse, et je me demandai quel pouvait bien être le principal auteur du carnaval sacrilège qui se prépare.

Mê poser la question, Monsieur, c'était la résoudre. Un instant de réflexion suffit pour me convaincre que c'était vous qui étiez le grand coupable.

Qui, en effet, a inspiré à la *société républicaine d'instruction*, la pensée de célébrer le centenaire de Diderot ? C'est vous, car vous êtes son président.

Qui a provoqué les souscriptions des membres républicains de notre conseil général ? C'est encore vous, car votre nom figure en tête de leur liste (1).

Qui s'est fait le frère quêteur de Diderot auprès de nos députés ? On l'a vu, Monsieur, c'est encore vous.

Qui espère, par cette manifestation solennelle d'impiété, rallier à lui les enfants perdus de son parti ? C'est vous. C'est toujours vous, et ce serait ici ou jamais le cas de répéter le vieil axiome du droit romain : *Is fecit cui prodest.*

Comprenez-vous, maintenant, Monsieur, pourquoi au début de cette lettre je vous ai jeté à la face l'épithète de sectaire ? Un sectaire ! Oui, décidément vous en êtes un, et après ce que vous allez faire, on pourra dire de vous ce que Racine a dit de je ne sais plus quel renégat :

> L'Eglise l'importune et son impiété
> Voudrait anéantir le Dieu qu'il a quitté.

Le 13 octobre 1877, la veille du scrutin qui devait vous renvoyer à la Chambre, dans un village que je pourrais nommer, vous avez déclaré que si vous étiez élu « les cléricaux pourraient bien recevoir quelques éclaboussures. » Jusqu'ici vous n'avez que trop bien tenu votre serment. Il y a huit ans, Mon-

(1) Voir le *Spectateur* du 3 septembre 1882.

sieur, que vous « éclaboussez » ceux que vous appelez les cléricaux, c'est-à-dire les catholiques. Il paraît que cela ne vous suffit pas : vous voulez encore « éclabousser » Dieu.

Dieu, Monsieur, saura bien, tôt ou tard, tirer vengeance de l'outrage que vous allez lui faire, en élevant une statue à celui qui fut, au dix-huitième sièle, son plus grand insulteur. Pour citer encore un vers de Racine :

Je vous plains de tomber dans ses mains redoutables.

Quant aux catholiques, Monsieur, si leur religion leur fait un devoir de pardonner, elle leur fait aussi un devoir de se défendre. Ils se défendront et s'il m'est permis de rappeler ici, en la modifiant, une parole célèbre : Il ne sera pas dit que les fils des croisés reculeront devant les fils de Diderot. En installant au cœur de notre ville votre impudique idole, vous avez voulu nous frapper au cœur. C'est un gant que vous nous jetez. Eh bien, Monsieur, ce gant sera relevé. Il y a trop longtemps que vous et les vôtres vous nous insultez. J'estime que ce serait mourir deux fois que de mourir de vos atteintes. Vous avez voulu la guerre ! Vous l'aurez.

Pour mon compte je la commence aujourd'hui.

Mon but, en vous écrivant cette lettre et celles qui doivent suivre, n'est pas de vous empêcher d'ériger votre statue. Je sais, Monsieur, que cela est impossible et que comme on dit, votre siège est fait.

Ce que je veux, c'est faire connaître, et par une conséquence qui sera nécessaire, faire honnir le répugnant personnage que vous allez glorifier. Ce que je veux encore, c'est vous arracher le dernier lambeau du masque maçonnique dont vous vous couvrez depuis huit ans pour abuser les simples. Ce que je veux enfin, c'est hâter dans la mesure de mes forces ou plutôt de ma faiblesse l'arrivée de cette révolution du mépris dont j'appelle tous les jours l'avènement, et qui tôt ou tard, je l'espère, vous balayera avec celui que le comte de Maistre a appelé « l'énergumène » Diderot.

Dans ma prochaine lettre, Monsieur, j'envisagerai Diderot comme homme privé ; dans la troisième, je le montrerai comme citoyen ; dans la quatrième, j'étudierai en lui l'écrivain en général et en particulier l'encyclopédiste ; dans la cinquième, le critique d'art ; dans la sixième, l'auteur dramatique ; dans la septième, le romancier ; dans la huitième, le politique ; dans la neuvième, le philosophe ; dans la dixième enfin, citant de lui ce que je croirai pouvoir en citer sans m'exposer au danger d'être poursuivi par le chef de notre parquet pour outrage à la morale publique, je vous le ferai voir apôtre d'impiété et d'immoralité.

Adieu donc, Monsieur, et à bientôt.

J'ai l'honneur de ne pas vous saluer.

L. FRANÇOIS.

LANGRES, TYP. RALLET-BIDEAUD.

DEUXIÈME

A M. BIZOT DE FONTENY

—————

Langres, ce 12 juin 1884.

MONSIEUR,

UNE femme laide était un jour en discussion avec un peintre. Poussé à bout par son interlocutrice, l'artiste finit par lui dire d'un ton moitié plaisant, moitié fâché : « Madame, si vous continuez à m'invectiver de la sorte, je vous... peindrai. » La menace était spirituelle : il paraît qu'elle obtint son effet. La disgraciée et disgracieuse fille d'Eve, aima mieux se taire, nous dit l'histoire, que de s'exposer au danger de voir ses traits passer à la postérité.

2e LIVR.   1

Je ne suis pas artiste, Monsieur, et cependant je rêve aujourd'hui une vengeance d'artiste.

Je voudrais portraiturer Diderot. C'est le meilleur moyen selon moi, sinon de réduire au silence, du moins de faire rougir de honte, à supposer que leurs fronts d'opportunistes sachent encore rougir, ses modernes adorateurs.

La tâche que j'entreprends, je le sais, est délicate. Je n'ai pas besoin de vous dire, Monsieur, que je m'en acquitterai avec la plus consciencieuse impartialité. La calomnie n'a jamais été dans mes habitudes, et pas plus en histoire qu'en politique, je ne suis de l'école de celui de vos ministres qui s'est fait naguère souffleter du haut de la tribune nationale de l'épithète méritée de « dernier des menteurs. » Je n'avancerai donc aucun fait dont l'authenticité ne soit incontestable. Seulement, si je suis toujours exact, je ne serai pas toujours édifiant. Mon récit, ressemblera plus souvent à une page de la *Vie de Bohême*, d'Henry Murger, qu'à un discours sur les prix de vertu ou à un chapitre de la *Morale en action*. Je vous en préviens d'avance, Monsieur, et cela pour un double motif : d'abord afin que vous ne laissiez point tomber cette lettre entre les mains des deux anges de piété que la Providence a placées à votre foyer. Il n'est point bon qu'elles connaissent toutes les turpitudes dont se compose la vie du personnage auquel leur père s'apprête à élever une statue : cela n'est bon ni pour leur imagination qu'une telle connaissance pourrait ternir, ni pour leur piété filiale qu'une pareille révélation serait capable de refroidir. La seconde raison qui me porte à vous avertir dès à présent du caractère involontairement immoral des pages qui vont passer sous vos yeux, c'est parce que je vous sais d'une extrême pruderie. Il y a quatre ou cinq ans lorsque ce modèle des maris que l'on appelle Paul Bert, s'imagina de lire au Palais-Bourbon les sujets de méditation que les religieuses du Sacré-Cœur proposent à leurs élèves, vous étiez, je m'en souviens, du nombre de ces vertueux députés qui se bouchaient pudiquement les, oreilles et criaient à l'abomination chaque fois que dans le texte lu par l'orateur se trouvaient les mots « d'incarnation, » de « sein » ou de « conception. » Il sera donc possible que vous trouviez dans ma lettre matière à scandale. S'il en est ainsi, Monsieur, si vous ne vous sentez pas l'âme assez forte. n'allez pas plus loin je vous en prie, dans votre lecture : vous y perdriez votre innocence.

Ces précautions oratoires, ou pour mieux dire, ces précautions morales prises, j'entre en matière.

Dire qu'on « entre en matière » quand on veut parler de Diderot, ce n'est pas une expression métaphorique, c'est le mot propre. Il y eut peu d'hommes en effet plus matériels que lui.

Vous savez qu'il mourut d'une indigestion (1). Ce que vous ignorez peut-être et ce qui pourtant est l'exacte vérité, c'est qu'avant d'en mourir, il en avait vécu. Sa correspondance avec Mademoiselle Voland n'est pour ainsi dire rien autre chose que l'histoire de ses infortunes stomacales. Cette histoire, Monsieur, est très instructive, instructive surtout pour vous, car il y est question de choses qui sont tout à fait dans votre compétence d'émule d'Apicius (2).

Vous ne trouverez pas mauvais, j'en suis sûr, que j'en détache quelques anecdotes pour vous les citer.

Voici ce que Diderot écrivait à sa maîtresse à la date du 5 septembre 1760.

« Damilaville m'a invité à souper chez lui. J'acceptai. Je suis un glouton, je mangeai une tourte entière, je mis là-dessus trois ou quatre pêches, du

---

(1) Quoique malade, raconte Madame de Vandeuil dans ses *Mémoires*, en dépit de l'ordonnance du médecin et malgré les observations de sa femme, « il se mit à table, mangea une soupe, du mouton bouilli, de la chicorée, un abricot et des cerises en compote. » Un instant après, on le devine, il avait cessé de vivre.

(1) Personne n'ignore que M. Bizot de Fonteny, gastronome éminent, est l'inventeur d'une nouvelle manière d'assaisonner les truites.

vin ordinaire, du vin de Malaga avec une grande tasse de café. Il était une heure du matin quand je m'en retournai : je brûlais dans mon lit : je ne pus fermer l'œil : j'eus l'*indigestion* la mieux conditionnée du monde... »

. Le 2 novembre 1770, après un de ces diners qu'on appelait alors du beau nom de philosophiques mais dans lesquels, vous le voyez, on servait aux convives autre chose que des entéléchies des quiddités et des quintessences métaphysiques, Diderot faisait encore cet aveu :

« Il faut que vous sachiez que j'ai pensé mourir d'une *indigestion* de pain *(sic)*. Cela ne pouvait ni remonter ni descendre. J'ai gardé sur mon estomac pendant plus de quinze heures un poids effroyable qui m'étouffait et qui ne se laissait pas ébranler par l'eau chaude de quelque côté que je la prisse... »

Les indigestions pour Diderot, étaient comme l'abîme, elles appelaient les indigestions. On lit en effet dans une de ses lettres du 20 octobre 1765 :

« J'ai voulu souper. Une fois, deux fois, ça m'a bien réussi, mais la troisième a payé pour toutes, j'ai fait l'*indigestion* la mieux conditionnée. »

Mais c'est surtout au Grandval que Diderot eut souvent à éprouver ce que les médecins, dans leur amour de l'euphémisme, appellent d'ordinaire des embarras gastriques. Le Grandval, vous le savez ou pour mieux dire vous ne le savez sans doute pas, était la résidence de ce baron d'Holbach que Galiani avait spirituellement nommé le « maître d'hôtel de la philosophie. » Là se réunissaient deux fois la semaine, le dimanche et le jeudi, tous les vénérables de la Loge des Neuf-Sœurs. On y causait, et au dire de Morellet, « on y tenait des propos à faire tomber cent fois le tonnerre sur la maison, si le tonnerre tombait encore pour cela. » On y mangeait surtout, car la table était toujours servie selon le goût du maître, c'est-à-dire à l'allemande, et Diderot reconnaît que tout en alimentant la conversation il lui est arrivé plusieurs fois de « trop s'y alimenter lui-même. » « Les repas, écrivait-il le 2 novembre 1770 — sans doute au lendemain d'une orgie — les repas ici sont énormes. »

Est-il besoin après cela, Monsieur, que je vous cite les textes où Diderot confesse son penchant à l'ivrognerie ? Ils sont connus de tout le monde, excepté peut-être des partisans de l'instruction obligatoire. Dans une lettre en date du 1er octobre 1769 il avoue qu'il s'est enivré trois ou quatre fois — comme il arrive d'ordinaire aux pécheurs d'habitude, il n'est pas bien sûr du chiffre — en compagnie d'un allemand nommé Weinacht. Ailleurs il écrit (1) : « Le vin du sculpteur va grand train : je ne sais si vous vous portez mieux de tant de santés bues : pour moi il ne tiendrait pas au prince que j'en chancelasse quelques fois. J'ai souvent l'honneur de souper avec lui et deux heures du matin nous ont quelques fois surpris le verre à la main... » Ailleurs enfin (2) il parle d'une cave de cinq à six mille bouteilles qui, dit-il, « jouent un grand rôle » dans ses délibérations avec ses amis.

Les conséquences d'un pareil régime ou pour parler plus exactement d'une telle absence de régime, étaient faciles à deviner. Diderot cependant a cru devoir prendre la peine de nous les faire connaitre. Le 20 octobre 1759 il écrivait ces lignes dans lesquelles je ne sais pourquoi, il m'a toujours semblé voir le portrait anticipé de certain docteur opportuniste de votre connaissance : « Je m'arrondis comme une boule : mon ventre lutte avec effort contre le bouton de ma veste et s'indigne de ne pouvoir briser cet obstacle, surtout après diner. » (3)

_____

(1) Lettres à Falconet, édition Charles Cournault, p. 7.

(2) Lettres à Mlle Voland, 8 septembre 1765.

(3) Je demande pardon à mes lecteurs des détails réalistes dans lesquels je viens d'entrer. Quelques délicats trouveront peut-être que mon style n'est pas assez relevé. J'estime, moi, qu'il a la première qualité du genre, je veux dire, la couleur locale. Il est assorti à mon héros. Je n'ai pas pour but en écrivant ces lettres de me

Voilà, Monsieur, quelle fut la tempérance de Diderot, et voilà l'homme que dans un mouvement d'éloquence où Vaugelas trouverait peut-être à redire, vous avez naguère appelé « une des manifestations les plus élevées de l'humanité. » (1)

Je ne sais pas, Monsieur, quelle est « l'humanité » avec laquelle vous vivez au Palais Bourbon et ailleurs, mais si elle ressemble à cette espèce de Vitellius non couronné que je viens de vous dépeindre, si même comme vous l'insinuez, elle a des sentiments encore moins « élevés » que les siens, je n'ai pas de de compliments à vous faire sur vos fréquentations.

Est-ce que par hasard votre idéal en fait « d'humanité » serait celui de ces Romains de la décadence dont Sénèque a résumé l'histoire dans ces deux mots énergiques que je laisse à M. votre fils, ancien élève du collège catholique de Pontlevoy, le soin de vous traduire : *Edunt ut vomant, vomunt ut edant ?*

Mais ne perdons pas notre temps en réflexions et poursuivons l'énumération des vertus de Diderot.

Je ne vous dirai rien de sa probité, Monsieur. Vous connaissez le tour de chevalier d'industrie qu'il joua dans sa jeunesse à un carme auquel son père l'avait recommandé et vous savez comment il lui *escroqua* diverses sommes d'argent dont il avait besoin, nous dit Naigeon, pour subvenir à l'entretien d'une Vénus de carrefour « avec laquelle il avait quelques relations. »

Je ne vous parlerai pas non plus de sa douceur. Ce serait peine inutile. Car vous avez dû lire dans ses œuvres ces deux jolis vers qui l'ont fait à bon droit

---

livrer à une passe d'armes académiques. Si comme l'a dit Pascal, il est des circonstances où l'on doit appeler Paris, Paris, et non la capitale du royaume, il en est d'autres aussi où il doit être permis d'appeler chat un chat et Diderot un..... glouton.

(1) Voir le *Spectateur* du 11 juin.

saluer du titre « d'ancêtre » par les Jourdan-coupe-
têtes, de notre première république :

> Et mes mains ourdiraient les entrailles des prêtres
> A défaut de cordons pour étrangler les rois (1)

Ce distique, Monsieur, m'a toujours paru admirable. Je vous engage a le mettre en musique et à le
faire chanter le jour de l'inauguration de la statue de
Diderot par le meilleur ténor de votre école laïque.
Ce sera selon moi un bon moyen d'honorer la mémoire de cet homme sinistre qui non content de se
faire, comme nous le verrons, le philosophe de l'as-
sassinat voulut encore en être le poète.

Après cette citation, Monsieur, il serait superflu,
je crois, de vous faire remarquer que Diderot ne fut
pas précisément un modèle de tendresse envers ses
amis. Ce n'est pas pour rien qu'il appartenait à cette
secte de la franc-maçonnerie qui n'a pas changé
depuis et dont Palissot a si bien dépeint les membres lorsque dans sa comédie des *Philosophes* il
a dit d'eux qu'ils étaient

> Prêchant la tolérance et très intolérants,
> De quiconque les flatte orgueilleux protecteurs
> De quiconque les brave ardents persécuteurs.

Il avait à un haut degré les deux défauts les plus
incompatibles avec l'amitié : il était ombrageux et
rancunier. Pour n'en citer qu'un exemple, après avoir
vécu pendant plus de dix-sept ans dans l'intimité de

---

(1) Diderot. *OEuvres complètes.* Edit, Belin t. IV. Ces vers, qui
dit un judicieux écrivain (M. Depping), sont plutôt un vœu de
cannibale qu'une inspiration de poète, ont été retouchés par une
autre main du vivant même de Diderot. Un délicat du parti des
philosophes — où la délicatesse va-t-elle parfois se loger ? — remar-
quant qu'il y aurait quelque difficulté à ourdir des entrailles, y subs-
titua le mot un peu plus technique de « boyaux » et on eût ainsi
cette leçon :

> Et des boyaux du dernier prêtre
> Serrons le cou du dernier roi.

Rousseau, il finit par le traiter de « forcené. » Savez-vous pourquoi ? simplement parce que l'infortuné auteur du *Contrat social* avait refusé d'accompagner à Genève Madame d'Epinay et par conséquent d'endosser aux yeux du public la paternité d'un enfant que cette vertueuse maitresse du vertueux Grimn allait mettre au monde dans la Rome du protestantisme.

Je viens de parler d'enfant, Monsieur. Ce mot m'amène à étudier avec vous un des points les plus intéressants de la vie de Diderot, je veux dire ses relations de famille.

Dans mon village, Monsieur, lorsqu'une famille a eu la douleur de perdre son chef, elle résume d'ordinaire sa vie dans ces paroles qu'elle fait graver sur sa tombe : « Il fut bon fils, bon frère, bon époux et bon père. » Inscription éloquente dans sa simplicité et qui lorsqu'elle a été méritée, est la plus magnifique des oraisons funèbres. Diderot en mérita-t-il une pareille ? Si j'interroge l'histoire, elle me répond que non. Elle me répond que Diderot était un mauvais fils.

Le mot de piété filiale, je le sais, se rencontre souvent dans ses ouvrages et en particulier dans sa correspondance. Mais s'il en connaissait le nom il n'en avait pas la chose. Il n'en était que le comédien. Tant que son père vécut, il fut avec lui en rupture d'obéissance et quand il mourut, savez-vous ce qu'il fit ? il vint à Langres et là, en guise de deuil, de la chambre même où quelques jours auparavant l'honnête et chrétien coutelier avait rendu le dernier soupir il écrivit à sa maîtresse toute une série de lettres ordurières dont je ne puis rien citer, mais qu'on peut résumer d'un mot : « Mon père est mort, mais tu me restes (1). »

Je ne sais si vous pensez comme moi, Monsieur, mais il me semble que pour qualifier l'auteur d'un pa-

____

(1) Lettre du 15 juillet 1759 et suivantes.

reil acte, il n'y a qu'une expression, c'est celle que Madame Denis jeta un jour à la face de Voltaire : « Mon oncle, vous êtes le dernier des hommes par le cœur ! » Quand Madame Denis prononça ces paroles, elle ne connaissait pas Diderot, autrement elle n'eut pas dit le « dernier, » elle eut dit « l'avant-dernier. »

Les enfants prodigues, Monsieur, d'ordinaire aiment peu leurs frères, Diderot ne cessa pendant toute sa vie de calomnier le sien. Il nous le représente dans sa correspondance comme une espèce d'idiot qui « aurait eu de l'esprit (1) » s'il n'avait pas cru en Dieu, comme un être « gênant et gêné (2) » qui était insociable parce qu'il était chrétien. Ce frère pourtant, Monsieur, était l'un des membres les plus respectables et les plus respectés du clergé de Langres à la fin du xviiie siècle : sa science et ses vertus l'avaient fait élever au poste d'archidiacre de notre Eglise, et à vous dire toute ma pensée, si vous n'étiez pas aveuglé par la passion religieuse, c'est à lui et non à l'auteur de l'Encyclopédie que vous érigeriez aujourd'hui une statue. Des deux Diderot en effet il n'y a que lui qui en ait mérité une. Il l'a méritée en se faisant le bienfaiteur de sa ville natale à laquelle, nous le verrons, son frère n'a jamais donné que... des moqueries. Il l'a méritée, en consacrant une partie de sa fortune à l'instruction des déshérités de ce monde en faveur desquels, nous le verrons aussi, son frère n'a jamais écrit une seule ligne. C'est lui qui avec trois autres chanoines de la cathédrale (3) fonda de sa bourse cette école des Frères qui est trois fois sacrée, sacrée par son origine, sacrée par son antiquité, sacrée par les services qu'elle a rendus et qu'elle rend encore, et sur laquelle vos amis du conseil

(1) Lettre du 31 juillet 1759.
(2) Lettre du 17 août 1759.
(3) MM. Nerel, de Beauval et Leclerc. Cfr *Mémoires de la société archéologique*, t. I, p. 108.

municipal de Langres, pour la punir de ses succès toujours croissants, s'apprêtent, malgré le vœu de la grande majorité des pères de famille, à porter leur main spoliatrice.

Mais laissons de côté le chanoine et revenons au philosophe. Le philosophe, Monsieur, comme tous les libres-penseurs, était un libre-faiseur. Il avait une morale facile ou pour mieux dire il n'en avait pas du tout : le sentiment de la pudeur lui était étranger. Je vous le prouverai plus tard par des textes empruntés à ses œuvres : je voudrais aujourd'hui vous le démontrer par les faits.

Arsène Houssaye a écrit quelque part que Diderot avait été « l'amant de toutes les femmes (1), » et M. de Lanessan, dans un article publié en 1879, reconnaissait de son côté que le « grand philosophe » — comme l'appelle M. Gardiennet, — « ne pouvait être un instant en tête à tête avec une dame sans que la vertu de celle-ci ne fût mise en péril (2). » Ces aveux sont bons à retenir, surtout sortant de la bouche d'auteurs aussi peu suspects de cléricalisme que les deux écrivains en question. Mais par là même qu'ils sont généraux, ils sont aussi quelque peu vagues. Essayons de les préciser.

On peut ce me semble diviser en trois catégories les maîtresses de Diderot.

Il y a d'abord celles que j'appellerai d'un nom qui est pour ainsi dire consacré depuis qu'on en a fait le titre d'une biographie de Sainte-Beuve : les *Inconnues*. Les *inconnues* de Diderot furent-elles bien nombreuses? L'élasticité de ses principes en matière de chasteté, nous permet de le croire. L'homme qui se vantait de lire Pétrone et de savoir par cœur les « trois quarts au moins des petits madrigaux infâmes de Catulle; » l'homme qui dans

---

(1) Galerie du XVIIIe siècle, troisième série, *Poètes et philosophes*, p. 151.

(2) Voir *Diderot*, son 95e anniversaire. Langres, imprimerie Dessoye, p. 87.

son *Supplément au voyage de Bougainville* pro-
teste, dans des termes que je ne saurais citer,
contre l'unité du lien conjugal et préconise la pro-
miscuité telle qu'elle se pratique chez les sauvages
et chez les animaux ; l'homme qui dans une de ses
lettres (1) soutient sérieusement cette thèse que « les
femmes semblent n'être destinées qu'au plaisir des
hommes ; » cet homme, dis-je, s'il fut logique, et
tout nous porte à croire qu'ici du moins il le fut, dut
se plonger dans des débauches à effrayer Sodome.

Mais quittons le champ des hypothèses et entrons
dans le domaine des réalités.

La seconde classe des maîtresses de Diderot comprend ce que l'on pourrait nommer : les suppléantes.
J'entends par là toutes ces vertueuses créatures dont
les noms reviennent si souvent dans sa correspondance, comme par exemple, cette demoiselle Boileau
qu'il ne manque presque jamais d'assurer de son
« dévouement (2), » comme par exemple encore cette
demoiselle Bayou chez qui il déclare être allé tuer le
temps le 16 septembre 1768 et qui, dit-il, se « mit à
son clavecin pour lui et lui joua tout ce qu'il voulut, »
comme par exemple aussi cette Madame Cazanove
dont il est fait mention, je n'ose dire en quels
termes, dans sa lettre du 11 septembre 1769, comme
par exemple enfin cette courtisane sans nom, —
sans nom dans les deux sens du mot, — dont il
parle dans une autre lettre en date du 28 juillet 1762.

Après les suppléantes, les titulaires. Celles-ci,
Monsieur, sont au nombre de dix, juste, je crois, le
chiffre des billets de mille francs que vous touchez
chaque année pour garder au palais Bourbon un
silence de sourd-muet et pour y faire la besogne
que tout le monde connait. Je vais en mettre l'édi-

---

(1) Lettre du 15 août 1762 à Mlle Volland.

(2) Le « dévouement » de Diderot quand il s'adresse à une
femme doit toujours être tenu pour suspect. *Timeo Danaos et dona
ferentes.*

fiante liste sous vos yeux. Comptez, je vous prie, sur vos doigts, afin que si je venais à me tromper vous puissiez me rectifier.

En tête figure par ordre chronologique une « jeune fille de Langres, que j'aimais autrefois, raconte Diderot dans une de ses épîtres, mais qui n'est plus (1). » Viennent ensuite Mademoiselle Desforges dont « le grand philosophe » fit connaissance en 1744 alors qu'il habitait encore sa petite chambre de la rue Parcheminerie (2) ; puis la quidane pour les beaux yeux de laquelle, ainsi que nous l'avons vu, il crut devoir voler le père Ange ; puis la Lionnais, danseuse de l'Opéra, dont au dire de sa fille, « il fut quelque temps amoureux ; » puis enfin Mlle Annette Champion qui avant de devenir sa femme avait été sa maîtresse, car si j'en crois M. Arsène Houssaye (3), « à peine marié, il en eut un fils, un fils avant la lettre. » Si je ne m'abuse, Monsieur, tout cela nous fait déjà un total de cinq.

Peu après son mariage, Diderot qui « trouvait insensé — je vous demande pardon de la crudité de la citation — le précepte qui enchaîne pour jamais l'un à l'autre un mâle et une femelle (4) » expédia sa femme à Langres avec l'enfant auquel elle venait de donner le jour et se lia avec une espèce de bas-bleu séparée de son mari, qui s'appelait madame de Puisieux. Cette sixième maîtresse régna dix ans sur le cœur de « notre illustre compatriote » — pour parler comme nos municipaux. Il ne rougit pas de lui dédier plusieurs de ses ouvrages. C'est pour subvenir à ses besoins qu'il composa ses *Bijoux indiscrets* — roman infect, digne tout-à-fait, nous le verrons, de

(1) Lettre du 3 août 1759 à Mlle Voland.

(2) Carl Rozenkranz. *Vie et œuvres de Diderot*. Leipzig, Brokaus, 1766, t. I, p. 21 et 22 (en allemand). Cfr Lettre du 28 juillet 1762 à Mlle Voland.

(3) Op. cit., p. 159.

(4) *Supplément au voyage de Bougainville*.

la femme qui l'avait inspiré — sa *Lettre sur les aveugles*, son *Essai sur le mérite et la vertu (!)* et enfin ses *Pensées philosophiques,* livre monstrueux où l'existence de Dieu est violemment attaquée, ce qui a fait dire à un éloquent critique que Diderot avait payé les joies de l'adultère avec les profits de l'athéisme. Mais madame de Puisieux avait sur le chapitre de l'amour les mêmes théories que son philosophique amant. Diderot finit par la surprendre en flagrant délit d'infidélité. Il la congédia alors, mais n'allez pas croire que c'était pour reprendre sa femme. Non. Madame Diderot était une personne trop simple qui avait le tort de ne pas comprendre le mortel sublime qui l'avait associée à sa destinée. Celui-ci s'attacha bientôt à une septième maîtresse sur laquelle je n'ai que peu de renseignements : c'était madame de Prunevaux (1). En 1755, nouveau changement de décoration. C'est à cette époque que Diderot fit connaissance avec mademoiselle Voland, jeune fille ou plutôt vieille fille de vingt-neuf ans qui fut, comme eût dit Frédéric II, le Cotillon huit de Diderot. Cette demoiselle Voland, Monsieur, était une femme habile : elle trouva le moyen de résoudre le plus difficile problème, celui de fixer le cœur de votre « illustre compatriote. » Pendant vingt ans, Diderot lui resta attaché. Seulement cet attachement, je me hâte de le dire, n'était pas exclusif. Mademoiselle Voland avait deux sœurs toutes deux mariées, mais toutes deux fort goûtées de celui que M. le général Pélissier — un homme d'esprit, assurément — a appelé quelque part une « gloire hautmarnaise (2). » La première était madame de Blacy : Diderot nous déclare lui-même qu'il « l'aimait à la folie (3) » et dans les six dernières années de sa cor-

(1) Ste Beuve, les *Portraits militaires.*

(2) Voir la brochure déjà citée : *Diderot.* Célébration à Langres de son 95e anniversaire, p, 45.

(3) Lettre du 28 septembre 1767 et **Carl. Rozenkrans,** op. cit. t. II, p. 3.

respondance avec mademoiselle Voland, il ne la désigne jamais autrement que par le mot de « mon amoureuse. » La seconde était madame Legendre : le « grand philosophe » lui donnait d'ordinaire le joli nom, le nom céleste d'Uranie, mais il ressentait pour elle une passion qui n'était pas précisément éthérée.

Je vous avais annoncé dix maîtresses, Monsieur, il me semble que les voilà trouvées. Récapitulons, si vous le voulez, afin de nous assurer que nous n'avons pas commis d'erreur : la jeune fille de Langres, une : l'intéressante courtisane à l'occasion de laquelle Diderot se fit voleur, deux : Mlle Desforges, trois : la Lionnais, quatre : Mlle Annette Champion, cinq : madame du Puisieux, six : madame de Prunevaux, sept : Mlle Voland, huit : madame de Blacy, neuf : madame Legendre, dix. Comme disent les commerçants, le compte y est bien, n'est-ce pas ? Dans le désir de le parfaire et dans la crainte qu'il ne soit pas tout-à-fait exact, permettez-moi d'y ajouter encore le nom d'une femme qui fut, si j'ose ainsi dire, la surnuméraire des maîtresses de Diderot : c'est la Therbouche. Cette Therbouche, Monsieur, était une allemande : elle était née à Berlin en 1728 : c'était de plus une peintresse. Diderot lui fit faire son por rait et il nous raconte lui-même dans son salon de 1767, avec un cynisme d'expression qui n'a d'égal que le cynisme de la chose, qu'il posa devant elle en costume édénique « en modèle d'académie (1) » Combien de temps durèrent ses relations avec cette peu scrupuleuse berlinoise ? je l'ignore : tout ce que je sais, c'est qu'elles se terminèrent comme finissent d'ordinaire, si j'en crois les romanciers, ces sortes de relations : par une brouillerie (2).

Voilà, Monsieur, quel fut l'époux dans Diderot :

____

(1) 6 fr. Lettres du 18 août 1765 et Caro ; *Revue des Deux Mondes*, n^os du 1er décembre 1879, p. 583.

(2) Ph. Burty, *Maîtres et petits Maîtres*, page 376, cole 1.

le voilà dans toute sa vérité, le voilà par conséquent
dans toute sa hideur ! Et c'est à cet homme qui selon le mot d'un écrivain que j'ai déjà cité, mais dont
je me plais à invoquer le témoignage, parce qu'il est
des vôtres, c'est à cet homme, dis-je, qui « passa sa
vie à aller de sa femme à ses maîtresses et de ses
maîtresses à sa femme (1) » que vous songez à ériger
une statue ! C'est de cet homme qui regardait la
pudeur comme une simple « affaire de convention (1), »
c'est de cet homme que M. Taine nous représente
quelque part se vautrant à plaisir « dans le bour-
bier de son siècle qui était la gravelure (2), » c'est
de cet homme chez qui, au jugement de M. Caro,
« il y avait une absence complète de sens moral
au moins pour tout ce qui regarde un ordre essentiel des choses humaines (3) » — vous savez de quel
ordre je veux parler, — c'est de cet homme, dis-je,
que vous vous apprêtez à célébrer le centenaire !
C'est pour cet homme que vos amis du conseil municipal ont eu ce matin même l'effronterie de venir
me demander de souscrire ! En vérité, Monsieur,
je crois rêver lorsque je vous écris ces choses et je
me demande avec stupeur si c'est bien en France
que je vis ou bien plutôt sur les bords du lac Salé,
dans le pays des Mormons ! Que des Mormons, c'est-
à-dire des polygames, érigent une statue à un écrivain qui comme Diderot prêcha et pratiqua toute sa
vie la polygamie, je le concevrais sans peine. Mais
que cette statue lui soit érigée dans une ville chré-
tienne, par des gens qui après tout et quoiqu'ils
fassent pour l'oublier, sont des chrétiens, voilà ce
que je ne saurais comprendre, voilà ce qui m'indigne, voilà ce qui me révolte, voilà ce qui devrait indigner et révolter avec moi, sans dis-

---

(1) Arsène Houssaye, *Op. cit.*
(2) *Supplément au Voyage de Bougainville.*
(3) Les origines de la France contemporaine, t. I, p. 349.
(4) *Revue des Deux Mondes*, 1er décembre 1879, p. 607.

tinction de parti, tout ce que Langres compte de citoyens honnêtes. Si les dix années de tyrannie opportuniste que nous venons de subir, n'avaient pas dans beaucoup d'âmes brisé tout ressort moral, savez-vous Monsieur ce qui arriverait le jour du centenaire? Eh bien, je vais vous le dire. Ce jour-là toutes les femmes et toutes les filles de Langres s'armeraient de verges et publiquement sur la place même du délit, elles administreraient aux membres parisiens et langrois du comité Diderot la correction qu'administrèrent un jour, si j'en crois l'histoire, à leur maître d'école les enfants de Faléries. Cette correction, selon moi, Monsieur, serait méritée. J'estime en effet que les membres du comité en question sont plus coupables que le maître d'école dont nous parle Tite-Live; celui-ci n'avait fait qu'engager ses élèves à trahir leur patrie : ceux-là, en élevant dans la personne de Diderot une statue au Vice feront un acte qui sera pour ainsi dire une provocation perpétuelle à trahir la vertu.

Encore un mot, Monsieur, ou pour mieux dire, encore un coup de pinceau pour achever de peindre cette répugnante figure dont en commençant ma lettre, je vous ai promis le portrait.

Je ne vous ai encore rien dit de la manière dont Diderot comprit et remplit ses devoirs de père. Ses devoirs de père! Monsieur, vous devinez sans peine qu'il les méconnut. L'homme qui selon le mot de Sainte-Beuve, « avait une idée si fragile de la sainteté du mariage, » ne pouvait être qu'un parfait égoïste plus soucieux de son bien être que de celui de ses enfants. Or, voilà justement ce que fut Diderot. Dans son *Supplément au voyage de Bougainville*, après avoir déclaré que l'inceste était une chose parfaitement indifférente, il a écrit cette phrase que M. Villemain a justement flétrie dans une de ses leçons (1) : « Dis-moi, si dans quelque contrée que

(1) Tableau de la littérature au XVIIIe siècle, i-ii, p. 123-124.

ce soit, il y a un père, qui sans la honte qui le retient, n'aimerait mieux perdre son enfant que sa fortune et l'aisance de sa vie. » Diderot, Monsieur,
n'eut jamais l'occasion de mettre en pratique cette
théorie : il ne sacrifia donc pas sa fille pour sauver
son « aisance, » mais il fit quelque chose de pire, il
la corrompit. On le représente souvent donnant à sa
fille une leçon de catéchisme et répondant à un de
ses amis qui lui manifestait son étonnement : » Je
n'ai rien trouvé de mieux à mettre entre les mains
de mon enfant que le résumé de la religion chré-
tienne. » Je ne sais si cette anecdote est vraie : si
elle l'est, elle ne prouve qu'une chose, c'est que
Diderot était comme nos modernes opportunistes,
qu'il parlait d'une façon et qu'il agissait de
l'autre. Mais il est une autre anecdote, — celle-là
bien authentique car c'est lui-même qui l'a
racontée — qui nous le fait voir sous un jour tout
différent. Diderot, Monsieur, fut il est vrai, le
catéchiste de sa fille, mais le catéchisme qu'il
lui enseigna, c'est le catéchisme du libertinage.
Si vous en doutez, écoutez ce qu'il écrivait à Mademoiselle Voland à la date du 22 novembre 1768 :
« J'ai trouvé ma fille si avancée que dimanche dernier, chargé par sa mère de la promener, j'ai pris
mon parti et lui ai révélé tout ce qui tient à l'état de
femme, débutant par cette question : Savez-vous
quelle est la différence des sexes .... » Je n'ose continuer la citation, Monsieur, je craindrais d'être
poursuivi par le chef de notre parquet : vous devi-
nerez le reste.

De telles paroles, Monsieur, n'ont pas besoin de
commentaires. Le personnage qui a eu l'impudeur
de les prononcer n'était pas un père, c'était un
monstre. Est-il, je vous le demande, un seul père
en France, en est-il un seul même parmi les membres du comité Diderot qui oserait tenir à sa fille un
pareil langage. J'en appelle au cœur de tous les
pères.

Ma main tremble, Monsieur, en écrivant ces

lignes, la rougeur me monte au front et le dégoût aux lèvres. Je termine.

Allez, Monsieur, faites votre centenaire, puisque vous y tenez ; puisque ce nouveau scandale est nécessaire pour assouvir votre haine contre l'Eglise, puisque vous avez besoin de cette manifestation d'impiété pour assurer votre réélection. Seulement je vous en prie dans l'intérêt de la vérité historique, ayez soin de faire graver au bas de votre statue ces mots qui, vous venez de le voir, sont le résumé parfait de la vie de Diderot :

VOICI L'IMAGE D'UN HOMME DONT TOUTE LA VIE FIT DÉSHONNEUR A L'HOMME.

L. FRANÇOIS.

LANGRES, TYP. RALLET-BIDEAUD.

TROISIÈME

A M. BIZOT DE FONTENY

———

Langres, ce 24 juin 1884.

Monsieur,

E viens de relire ma dernière lettre et je m'aperçois qu'elle renferme une erreur.

Cette erreur n'est pas aussi considérable que celle qu'a commise l'an dernier votre savant ami M. Tirard, ministre des finances, en essayant d'équilibrer le budget depuis longtemps boiteux de votre république. Elle n'est pas de soixante millions.

Je tiens néanmoins à la rectifier.

Je vous ai dit l'autre jour que le harem de Diderot

— un vrai harem assurément — comprenait onze femmes, trois de moins que celui de Mahomet.

Ce chiffre de onze, si respectable qu'il soit déjà est cependant au dessous de la réalité. En dehors des onze intéressantes créatures dont je vous ai cité les noms et dont je vous engage à faire sculpter en relief les virginales figures sur le socle de la statue de votre « illustre compatriote », Diderot en effet nous avoue avoir eu un attachement adultère pour deux autres maîtresses, que je vous demande la permission de vous présenter, comme je vous ai présenté leurs consœurs.

La première, dont il est question dans une lettre à Mlle Voland en date du 25 août 1768, me semble avoir appartenu au demi-monde ou si vous aimez mieux, au quart de monde philosophique du temps : elle répondait au nom de Mademoiselle Artaud.

La seconde était une Phryné ou une Laïs quelconque du nom de Guimard. Diderot en parle dans sa lettre du 22 novembre 1768. Voici le certificat de bonnes vie et mœurs qu'il lui décerne et que du même coup il se décerne à lui-même : « Vous me demandez, écrit-il, à Mlle Voland, d'où je connais Mlle Guimard ? Mais de tout temps il « *y a eu cent moyens et à mon âge il y a cent raisons de connaitre la Guimard. On trouve dans ces filles-là je ne sais combien de ressources essentielles qu'on ne peut espérer dans une honnête femme...* »

Ce texte, Monsieur, me semble suffisamment clair. Dans le cas où pour le comprendre vous auriez besoin de quelques explications, je vous engage à les demander à ce remplaçant ou pour parler plus exactement à ce successeur de M. Boinet qui a fait paraître dimanche dernier dans votre journal le *Spectateur* (1) l'article égrillard que vous connaissez, à propos du divorce. Il est à même je crois de vous les fournir.

____

(1) Voir ou plutôt ne pas voir le *Spectateur* du 22 juin.

De tout cela, Monsieur, si je sais encore un peu
d'arithmétique et si la république qui a changé tant
de choses n'a pas encore changé la table d'addition,
de tout cela dis-je il résulte que Diderot a eu treize
maîtresses.

Treize est un bien vilain chiffre. Votre « illustre compatriote » qui comme la plupart des incrédules était
très crédule c'est-à-dire superstitieux, s'en tint-il à
ce nombre ? Il est très probable qu'il le dépassa. Je
suis d'autant plus porté à le croire que dans une
autre de ses lettres en date du 28 septembre 1767 il
est fait mention d'une demoiselle Vernet qui de son
propre aveu ne lui était pas indifférente — car il
déclare qu'il « aimait bien les commissions pour
elle — et qui avec Mlle Clairet et Me Gondoin forme ce
que l'on pourrait appeler les aspirantes du « grand
philosophe..... » Mais finissons-en avec cette énumération des maîtresses de Diderot. Si j'y suis revenu
c'est parce que je tenais à ne vous laisser ignorer
aucun des titres qu'a votre « illustre compatriote »
à la statue que vous allez lui élever. Vous rendrez
hommage j'en suis sûr, au sentiment d'impartialité
qui m'a dicté cette rectification. Maintenant qu'elle
est achevée, je vous demande la permission de faire
ce que devront faire après le trois août prochain (1)
tous les Langrois honnêtes qui auront à traverser
la place Chambeau, c'est-à-dire de me boucher le
nez, de brûler du sucre et de passer.

Mon intention aujourd'hui est de vous parler de
Diderot considéré comme citoyen.

Tout homme, Monsieur, a deux patries, une petite
et une grande, et la loi naturelle nous fait un devoir
de les aimer toutes deux, la grande parce qu'elle
nous couvre des plis protecteurs de son drapeau, la
petite parce que selon la sublime étymologie du mot
elle est comme un vaste reliquaire où sont renfermés

---

(1) C'est le jour définitivement fixé par nos édiles pour l'érection
dela statue de Diderot.

les ossements de nos pères : *terra patrum*. Diderot, Monsieur, n'aima ni l'une ni l'autre.

En fait de patriotisme, il était de l'école d'Epicure. La patrie pour lui, c'était là où il était bien : *ubi benè, ibi patria*.

Peu d'hommes se sont autant que lui moqué des Haut-Marnais.

Je ne veux pas rapporter ici la réflexion outrageusement polissonne qu'il fait dans une de ses lettres au sujet des jeunes filles de Vignory (1) : de tels propos ne pourraient se citer qu'en cours d'assises et encore après que le président aurait ordonné le huis-clos.

Je ne veux pas non plus mettre sous vos yeux le portrait peu flatteur qu'il trace quelque part des Bourbonnais. Il vous suffira de savoir qu'il les accuse d'être « avides » et de « regarder les malades comme les Israélites regardaient les cailles et la manne dans le désert (2). »

Quant aux Chaumontais, tout porte à croire qu'il les tenait en médiocre estime, car dans le compte-rendu de je ne sais quel ouvrage il a dit d'eux en style de Bocquillon qu'ils avaient tous « *bée commencement et peute fin* (3). »

Je ne prétends point, Monsieur, qu'on doive faire un crime à Diderot de ces épigrammes qu'il a décochées contre les habitants de notre département ;

(1) Lettre du 17 août 1759.

(2) Lettre du 15 juillet 1770. Cfr. Dr Bougard : *Bibliotheca Borvoniensis*, p. 426.

(3) Diderot, *OEuvres complètes*, t. VII, p. 280. Il y a lieu après cela de s'étonner que M. Tréfousse, maire de Chaumont, ait jugé à propos de venir assister à la conférence sur Diderot qui a été faite à Langres le 8 juin dernier par M. Spuller. Comme Chaumontais et comme Juif, il eut dû ce me semble s'abstenir : comme Chaumontais, puisque Diderot s'est raillé de ses administrés ; comme Juif, car Diderot était peu sympathique aux enfants d'Israël. Il déclare dans l'Encyclopédie (art. Juifs) qu'on « ne doit leur demander ni justesse dans les idées, ni exactitude dans le raisonnement. »

je consens, si vous y tenez, à n'y voir rien autre
chose que les boutades d'un parisien heureux de
trouver une occasion de dauber des provinciaux.
Mais il n'en reste pas moins que votre « illustre
compatriote » se souciait aussi peu des Haut-
Marnais que vous vous souciez maintenant des
promesses de dégrèvements que vous distribuiez si
largement la veille des dernières élections aux bons
cultivateurs de notre arrondissement, c'est-à-dire
qu'il ne s'en souciait pas du tout.

Des Haut-Marnais, passons, si vous le voulez,
aux Langrois.

Diderot, Monsieur, n'a jamais rien fait pour sa
ville natale. Si je ne craignais de blesser votre modestie, je dirais même qu'il lui a rendu moins de
services que vous.

Vous, vous êtes le bienfaiteur insigne de Langres.
C'est grâce à vous en effet et à vos intelligents amis
du conseil municipal que depuis que vous avez aug-
menté de trente mille francs par an les droits d'oc-
troi de la ville, nous avons l'avantage de payer
beaucoup plus cher tous les objets de première
nécessité. C'est grâce à vous aussi que nous avons
le plaisir, lorsque nous désirons aller prendre le
chemin de fer de Langres à Châtillon, de faire de la
gymnastique pendant une vingtaine de minutes.

Diderot, lui, n'a jamais que je sache, remué ne
fut-ce que le petit doigt, pour subvenir aux besoins
d'aucun de ses compatriotes.

Le professeur de rhétorique du collège dont je
vous ai parlé dans ma première lettre, prétend qu'il
a « donné à Langres l'immortalité. Cette assertion
est vraie, mais elle est incomplète. Diderot a en
effet rendu les Langrois immortels : seulement l'immortalité qu'il leur a donnée, c'est l'immortalité...
du ridicule.

Vous savez sans doute comment il les a dépeints
dans sa lettre du 10 août 1759 à Mlle Voland : « Les
habitants de ce pays, dit-il, ont une inconstance de
girouettes ; cela vient je crois des vicissitudes de

leur atmosphère qui passe en 24 heures du froid au chaud, du calme à l'orage, du serein au pluvieux. Il est impossible que ces effets ne se fassent pas sentir sur eux et que leurs âmes soient quelque temps de suite dans une même assiette. Elles s'accoutument ainsi dès la plus tendre enfance à tourner à tout vent. La tête d'un Langrois est sur ses épaules comme un coq d'église au haut d'un clocher ; elle n'est jamais fixe dans un point, et si elle revient à celui qu'elle a quitté, ce n'est pas pour s'y arrêter. »

Que pensez-vous, Monsieur, je vous le demande, de cette définition du Langrois? La trouvez-vous bien exacte? J'estime, moi, qu'elle est calomnieuse. Je ne crois pas qu'il y ait une seule personne à Langres à qui on puisse l'appliquer.

Je connais, il est vrai, dans notre ville des gens qui n'ont plus le même *credo* politique et religieux qu'ils avaient autrefois.

Je connais, par exemple, un maire que tous les anciens élèves de l'établissement catholique de Malroy se souviennent d'avoir vu jadis en costume d'Éliacin présentant au prêtre et l'encens et le sel, et qui aujourd'hui supprime les processions pour punir ses administrés de leur peu d'empressement à alimenter la caisse de Diderot (1).

Je connais encore un docteur qui, dit-on, était autrefois l'amphytrion empressé des curés-voyageurs et qui depuis... qui depuis a rendu tant de

---

(1) M. Darbot a interdit cette année la procession de la fête du Sacré-Cœur. D'après des renseignements que j'ai tout lieu de tenir pour exacts, Diderot serait la vraie cause de cette interdiction. Un fait certain, c'est qu'au lendemain même de la publication de ma première lettre, le lourdaud poseur qui signe Delécolle au *Spectateur*, en sa qualité « de cloche de la gloire de Diderot, » sonna si je puis ainsi dire le tocsin d'alarme et engagea nos édiles à se venger d'une manière exemplaire de la guerre « bête et méchante » — ce sont ses expressions — que je me permettais de faire à leur « illustre » quoiqu'impudique compatriote. La vengeance suivit de près cette exhortation.

« *services exceptionnels* » à la république, que celle-ci a cru devoir le décorer.

Je connais aussi un percepteur qui, dit-on encore, chantait jadis comme un second Charlemagne au lutrin de l'église de Dampierre, que l'on rencontrait — il y a de cela sept ans à peine — dans les salons cléricaux et légitimistes de Langres, faisant des lectures choisies et soupirant après l'arrivée du comte de Chambord et qui maintenant est membre, et membre on ne peut plus actif, des deux sociétés semi-maçonniques de notre ville : la société républicaine d'instruction et la société de gymnastique.

Je connais enfin un procureur de la république qu'avant les crochetages, alors qu'il n'était encore que substitut, on voyait se promener bras dessus bras dessous avec les membres du clergé dans les rues de la vieille cité des Eduens et que l'on voit aujourd'hui assister en lieu officiel à des conférences sur Diderot, banqueter officiellement en l'honneur de Diderot, et souscrire pour l'érection d'une statue à Diderot (1).

Ces messieurs, je le répète, ont il est vrai, changé d'opinion depuis quelques années. Mais on n'est pas pour cela en droit de dire que « leur tête est sur leurs épaules comme un coq d'église au haut d'un clocher. » Ce ne sont pas des girouettes, s'ils ont changé, c'est qu'ils avaient de bonnes raisons et ils ont mis pour opérer leur évolution plus de temps que n'en mettent d'ordinaire les girouettes, c'est-à-dire plus de « vingt-quatre heures. »

Du reste ils ne sont pas Langrois. Les vrais Langrois, Monsieur, pareils au juste d'Horace, sont aussi fermes dans leurs convictions que le rocher sur lequel ils habitent, et je pourrais vous citer plus de cent familles de notre ville qui ont encore aujourd'hui les mêmes principes qu'elles avaient il y a cinquante ou soixante ans, alors que M. votre

(1) Voir le *Spectateur* des 11 et 20 juin.

père était garde du corps de S. M. le roi Charles X
ou que M. votre oncle était procureur de S. M. le
roi Louis-Philippe.

Diderot, Monsieur, a donc calomnié ses compatriotes. Et malgré cela vous vous préparez à lui
faire une apothéose? Il me semble que vous poussez
un peu loin le pardon des injures. L'Evangile
nous commande de tendre la joue droite à celui qui
nous a frappé sur la joue gauche. Mais nulle part il
ne nous ordonne d'élever des statues à nos insul-
teurs et, le trois août prochain, de Dunkerque à
Bayonne et de Brest à Toulon il n'y aura qu'un éclat
de rire dans toute la France quand on saura que les
Langrois sont occupés à célébrer le centenaire d'un
écrivain qui les a ainsi caricaturés.

Mais arrivons à des griefs plus sérieux. Diderot,
Monsieur, fut un des hommes du dix-huitième siècle
qui contribuèrent le plus à dénationaliser le génie
français. Sa vraie patrie, ce n'était pas la France,
c'était l'Allemagne. Gœthe a dit de lui qu'il « avait
la tête la plus allemande qui ait jamais existé, »
Gœthe avait raison. Les écrits de Diderot en effet
nous le verrons, sont tous infectés des défauts de la
race germanique : la déclamation, l'obscurité et le
pédantisme. Ses théories dramatiques, nous aurons
aussi à le constater, n'eurent jamais de partisans
qu'en Allemagne. Ses deux plus grands amis,
d'Holbach et Grimn était deux allemands. Quand
Grimn s'absenta de Paris en 1768 pour aller revoir
sa patrie, c'est lui qui le remplaça dans son rôle de
correspondant littéraire des petits princes d'Allemagne. L'Allemagne! toujours l'Allemagne! on ne
peut faire un pas dans la lecture de la correspondance de Diderot sans y apercevoir quelque chose
de sinistre comme la projection de l'ombre d'un
casque prussien. Ses lettres sont pleines de noms
allemands : ici c'est le baron de Gleichen (1), là le ba-

____

(1) Lettre du 28 août 1768.

ron de Dieskaw (1), ailleurs le prince de Saxe-Gotha, ailleurs enfin la princesse de Nassau-Sarrebrück. Je vous ai déjà dit qu'il avait eu pour maîtresse une allemande, la Therbouche : je vous ai dit aussi qu'il s'était grisé trois ou quatre fois avec un allemand, nommé Weinacth. J'ajoute qu'il ne venait pas d'allemands à Paris sans qu'il s'offrit à eux pour être leur cicerone dans les rues de notre capitale (2). Ceux-ci le payaient de ses peines, en monnaie, qu'ils savaient devoir être bien venue de lui. D'ordinaire ils l'invitaient à diner. « J'irai dîner jeudi avec mes petits Allemands, lisons-nous dans une lettre en date du 12 octobre 1761 ; ils sont charmants. »

Prussien par la tête et un peu aussi, comme vous le voyez, prussien par l'estomac, Diderot ne pouvait guère manquer de l'être par le cœur.

Quand, comme lui, on trouve les Allemands « charmants » à ce point, on doit former des vœux pour leur prospérité. C'est ce qu'il faisait.

Savez-vous comment le 29 septembre 1763, presqu'au lendemain par conséquent de cette bataille de Rossbach qui avait été, pour ainsi dire, le Sedan de notre honneur militaire au dix-huitième siècle, savez-vous, dis-je, comment il qualifiait Frédéric II, le vainqueur de nos soldats ? Il l'appelait « le plus grand monarque qui soit (3). » Ailleurs (4) il lui décerne l'épithète de « grand prince. » Dans un autre endroit enfin il vante ce qu'il ose bien appeler la « justice » du prince qui venait de voler la Silésie et qui s'apprêtait à voler une partie de la Pologne (5).

Je ne puis, Monsieur, transcrire ces honteuses

---

(1) Lettre du 6 novembre 1760.

(2) Lettre du 25 juillet 1765, et du 24 novembre 1768.

(3) Lettre à Voltaire citée par Naigeon dans ses *Mémoires sur la vie de Diderot*, p. 185.

(4) Lettre du 18 octobre 1769.

(5) Lettre du 23 septembre 1762.

flagorneries sans sentir se révolter en moi ce qu'on a si bien nommé la sainte pudeur du patriotisme.

Que penseront, croyez-vous, de l'autre côté des Vosges nos malheureux frères d'Alsace-Lorraine aux oreilles desquels retentit encore en ce moment, comme un glas funèbre, le bruit des hourrahs insultants pour eux poussés, au mois de septembre dernier, par les soldats allemands, à l'occasion de l'inauguration de la statue de la Germania, sur le Niederwald (1), que penseront-ils, je vous le demande, lorsqu'ils apprendront le 3 août prochain qu'au cœur même de cette ville de Langres sur les canons de laquelle ils comptent et à bon droit pour leur délivrance, des représentants de la France sont occupés à fêter un quasi-prussien, un thuriféraire de la famille du souverain qui les opprime aujourd'hui ?

Ce qu'ils penseront, Monsieur, eh bien je vais vous le dire.

Ils penseront que M. le ministre de la guerre lorsque l'an dernier, vous lui avez demandé de vous fournir le bronze de la statue de Diderot, a bien fait de vous répondre qu'il n'y avait pas de bronze dans les arsenaux de la France pour un pareil homme (2).

Ils penseront qu'en organisant à deux pas de notre frontière amputée des réjouissances anti-patriotiques, vous avez voulu insulter à leur deuil et à leurs souffrances.

Ils penseront enfin que tant que la lèpre de l'opportunisme continuera à régner en France, ils devront faire comme les damnés du Dante, c'est-à-dire renoncer à toute espérance.

Ils penseront cela, Monsieur, et ils auront raison,

---

(1) On sait que cette statue est faite avec le bronze des canons pris sur nous en 1870.

(2) Voir le *Spectateur* du 11 février 1883. Ce ministre de la guerre qui, on le sait de reste, n'est pas précisément suspect de cléricalisme était le général Thibaudin. Le désorganisateur de notre armée, ce jour-là du moins, a parlé et agi en soldat.

car votre fête sera vraiment une fête prussienne. J'ajoute et c'est la seconde partie de ma thèse que ce sera une fête cosaque.

Votre « illustre compatriote », Monsieur, était cosmopolite. Il n'a pas seulement été prussien, il a encore été russe. Il a été l'homme de tous les abjects prosternements. Non content d'avoir encensé Frédéric II, il alla selon le mot énergique de Louis Blanc, « agenouiller la philosophie » et avec la philosophie notre dignité nationale devant la czarine de Russie, Catherine II.

Cette princesse connaissait la vénalité de l'homme aux treize femmes. Elle savait que dans une de ses lettres, il avait écrit cette phrase que je vous engage à faire graver en lettres d'or sur le frontispice du palais Bourbon, car elle résume admirablement selon moi les secrètes aspirations de beaucoup de ceux qui y habitent : « QUE LES SOUVERAINS NE FERAIENT-ILS PAS DE NOUS S'ILS DAIGNAIENT EN PRENDRE LA PEINE !... (1) Elle savait en un mot que la conscience de Diderot était à vendre. Elle l'acheta. Elle y mit le prix. Elle fit royalement les choses. Elle donna à votre « illustre compatriote » quinze mille francs pour sa bibliothèque, plus une autre somme de cinquante mille francs destinés à servir de dot à sa fille.

A partir de ce moment, Monsieur, Diderot ne s'appartint plus et il ne put plus écrire une seule ligne sans que le nom de la Messaline du Nord ne revint sous sa plume. Je ne sais rien de plus écœurant que la litanie de louanges qu'il lui adressa, si ce n'est peut-être les plates adulations de Martial exhalant à Domitien la reconnaissance de son estomac de poète famélique ou bien encore le « *Te Catharinam laudamus* » de Voltaire. Ecoutez ce qu'il écrivait le 29 décembre 1767 : « Catherine, soyez-sûre que vous ne régnez pas plus puisamment sur les cœurs, à Péters-

____

(1) Lettre du 29 décembre 1767 au général Betzky.

bourg qu'à Paris. Vous avez ici une cour de courtisans, ce sont tous mes amis. »

Un peu plus loin il ajoute : « J'ai vu entre les mains de Madame Geoffrin une lettre dont j'ai commencé par baiser les SACRÉS caractères : ils étaient tracés de la main de ma bienfaitrice, mais jugez de l'état de mon âme à la lecture des choses touchantes que j'y ai trouvées : IL ME SEMBLAIT N'AVOIR PLUS UNE GOUTTE DE SANG QUI M'APPARTINT. »

L'espace me manque pour citer ici les vers qu'en cette même année 1767 il rima malgré Minerve en l'honneur de celle qu'il appelait « sa Catherine » (1) Qu'il vous suffise de savoir qu'il y épuisa tous les trésors de la servilité bysantine. Il déclare que cette femme atroce dont les mains régicides étaient encore toutes fumantes du sang de Pierre III son mari qu'elle avait égorgé et dont les joues adultères étaient encore toutes chaudes des baisers impurs qu'elle avait reçus des Orloff, des Zouboff, des Poniatowski, des Potemkin et des vingt autres gredins de la même espèce dont elle avait fait ses amants officiels, il déclare dis-je que cette reine sans entrailles qui se préparait à martyriser la Pologne, que cette marâtre qui persécutait son fils le futur Paul I, était « L'IMAGE FIDÈLE DE LA DIVINITÉ » Il la proclame le « MODÈLE DES ROIS. » Elle a, dit-il,

> Enchanté l'Univers par les mêmes vertus
> Qui font adorer la mémoire
> Des Antonins et des Titus,

et c'est uniquement « par ses bienfaits, ajoute-t-il, qu'elle a réculé les limites de son empire. »

Ailleurs (2) il fait de Catherine II cet éloge que j'abrège et qui prouve que les désirs de son cœur de polisson ne s'arrêtaient pas même devant les majestés royales : « C'est l'âme de Brutus avec les

---

(1) Lettres à Falconet, édition Cournault p. 15
(2) Lettre à Mlle Voland.

charmes de Cléopâtre. Si elle est grande sur le trône, ses attraits comme femme, auraient fait tourner la tête à des milliers de gens... »

Ailleurs enfin — car il faut bien finir — il dit à Falconet en parlant de la czarine de Russie : « Elle peut te combler d'honneurs et de richesses, mais elle ne saurait t'enivrer comme moi. »

Un mot de Voltaire résume admirablement en les couronnant toutes ces citations. Le patriarche de Ferney écrivait à Catherine II le 22 septembre 1766 : « Nous sommes trois ici, Diderot, d'Alembert et moi, qui vous dressons des autels. »

Vous le voyez, Monsieur, l'enthousiasme de votre « illustre compatriote » ne s'arrêtait pas à l'admiration, il allait jusqu'au culte, jusqu'à l'idolâtrie.

Et c'est de ce monarchiste forcené qui ne croyait pas en Dieu mais qui cependant par une de ces contradictions qui lui étaient familières, croyait au droit divin, car, dans tout le cours de sa correspondance il appelle Catherine II « l'ointe du Seigneur, » c'est dis-je, de ce royaliste fanatique que vous songez à célébrer le centenaire ! C'est à ce plat valet de tous les ennemis de la France que vous voulez ériger une statue !

En vérité, Monsieur, permettez-moi de vous le dire, plus j'étudie votre manière d'agir et moins je la comprends.

Mais la comprenez-vous bien vous-même ?

Avez-vous réfléchi au ridicule dont vous allez vous couvrir en présidant, vous républicain, ou du moins prétendu républicain, une fête en l'honneur d'un partisan enthousiaste du droit divin ? (1) Avez-

______

(1) Notons ici pour mémoire qu'avant de faire sa cour à Frédéric II et à Catherine II, Diderot avait essayé de la faire au roi de France. Sou Roman des *Bijoux indiscrets* (Cfr. La Harpe, *Cours de littérature*, t. XVIII, p. 8, et Carl Rozenkranz, op. cit. t. I, p. 65). n'est rien autre chose que l'apologie allégorique du règne de Louis XV. Ce prince y est personnifié par Mangogul et Madame de Pompadour par Mirzoza. Voici le portrait que Diderot fait de

vous réfléchi surtout au mauvais exemple que vous allez donner?

Célébrer le centenaire d'un Français qui n'eut jamais d'autre patrie que l'étranger, c'est donner une prime au cosmopolitisme. Or, le cosmopolitisme, vous le savez, ou du moins vous devez le savoir, puisque vous êtes législateur, le cosmopolitisme, dis-je, est déjà une des grandes plaies de notre pays à l'heure actuelle.

Elever une statue à un philosophe qui passa vingt ans de sa vie à baiser idolatriquement le bas de la robe de Catherine II, c'est encourager le servilisme. Or vous le savez aussi, l'affaissement des caractères n'est déjà que trop grand de nos jours. Pour peu que l'opportunisme dure, il n'y aura bientôt plus en France d'homme qui sache se tenir debout, et notre pays ne sera plus peuplé que d'adorateurs de tous les soleils levants, j'allais dire de reptiles.

Vous le voyez, Monsieur, la fête que vous préparez à Diderot, à ne l'envisager qu'au point de vue spécial auquel je me suis placé dans cette lettre, sera un acte doublement mauvais parce qu'elle sera comme un encouragement à deux des plus funestes tendances de notre époque.

Mais je m'oublie, Monsieur. J'oublie que je n'ai pas encore fini de dresser l'inventaire de tous les traits de patriotisme de l'homme aux treize maîtresses.

Non content d'encenser Catherine II, Diderot se fit son courtier artistique, ou si vous aimez mieux, son ministre des Beaux-Arts. Il dépouilla à son profit la France d'une grande quantité de chefs-

Mangogul : « C'est un prince dont la prudence éclaire ses ministres, dont le soldat admire la valeur, qui s'est fait redouter de ses ennemis et chérir de ses peuples et à qui l'on ne peut reprocher que la modération avec laquelle les semblables (les philosophes) sont traités sous son gouvernement. » L'éloge de la Pompadour est sur ce ton.

d'œuvre qui, grâce à lui, ornent maintenant le musée de Pétersbourg au lieu de celui du Louvre.

La czarine l'avait chargé d'acheter pour elle à Paris tous les tableaux qu'il jugerait lui convenir. Votre « illustre compatriote » ne se le fit pas dire deux fois. En vrai cosaque qu'il était (1) on le vit aussitôt s'aboucher avec les brocanteurs, courir les ventes, surenchérir sur les amateurs français et expédier à « Catherine sa souveraine » tantôt un Raphaël, tantôt un Téniers, tantôt enfin un Rembrandt ou un Carlo Lotti. Tous les honnêtes gens à Paris protestaient avec indignation contre une manière d'agir si peu française. C'est Diderot lui-même qui nous le raconte : « Je jouis de la haine publique la mieux décidée, écrivait-il le 20 mai 1771, et savez-vous pourquoi? parce que je vous envoie des tableaux. Les amateurs crient, les artistes crient, les riches crient (2). »

Diderot, Monsieur, se consola des malédictions des Français, ses compatriotes de naissance, en songeant qu'il obtiendrait les bénédictions des Russes, ses compatriotes d'adoption. Et il continua ses emplettes. Dans la seule année 1772 plus de cinq cents morceaux de premier ordre passèrent ainsi, grâce à lui, des rives de la Seine à celles de la Neva.

Voilà, Monsieur, quelles furent les vertus civiques de votre « illustre compatriote. » Les faits que je viens de vous rappeler parlent assez haut pour qu'il ne soit pas nécessaire de les commenter. Je n'en tirerai aujourd'hui qu'une seule conclusion et cette conclusion la voici : Béranger a dit que tous les Français avaient lieu d'être fiers en regardant la colonne de Juillet. Je ne sais pas, Monsieur, si la

(1) Voir dans la *Revue des Deux-Mondes*, n° du 1er décembre 1879, la page éloquente dans laquelle M. Caro a justement flétri la conduite de Diderot dans cette circonstance.

(2) Diderot, *Œuvres complètes*, édition Garnier, t. XVIII, p. 327.

colonne de Juillet est vraiment un glorieux monument, mais ce que je sais bien et ce que j'affirme
sans crainte d'être démenti par aucun vrai patriote,
c'est qu'aucun Français ne pourra regarder en face
votre statue de Diderot sans se sentir humilié et
sans rougir.

Encore un mot, Monsieur, avant de déposer la
plume.

L'historien pour être impartial ne doit pas seulement être témoin à charge, il doit aussi, quand il y
a lieu, être témoin à décharge.

Jusqu'ici, je n'ai guère fait qu'énumérer les char-
ges accablantes qui pèsent sur la mémoire de votre
« illustre compatriote. » Souffrez qu'en terminant je
plaide en sa faveur les circonstances atténuantes.

Diderot, Monsieur, a vraiment commis toutes les
turpitudes dont je l'ai accusé. Mais, peut-être, n'en
est-il pas complètement responsable. Il n'est pas
sûr qu'il ait joui de la plénitude de ses facultés
mentales. Plusieurs motifs me portent à croire que
sa raison avait été altérée.

D'abord, vous le savez, il était athée : or pour
être athée, au jugement de tous les médecins sérieux, il faut être fou.

En second lieu, il y a des membres de sa famille
— une de ses sœurs en particulier — qui sont morts
fous ; or, en vertu de ce qu'on appelle aujourd'hui
les lois de l'atavisme, il ne serait nullement surprenant qu'il ait eu, lui aussi, au moins quelques
pattes d'araignée dans le cerveau.

En troisième lieu, nous savons par l'histoire que
lorsqu'il fut enfermé à Vincennes après la publication de sa *Lettre sur les aveugles*, « il faillit devenir
fou et même que le danger fut si grand, qu'on fut
obligé de le laisser sortir de sa chambre et de lui
permettre de fréquentes promenades (1). »

En quatrième lieu, La Harpe nous raconte (2)

(1) Cousin d'Avallon : *Diderotania*, p. 29.
(2) Cours de Littérature, t. xviii, p. 75, note 1.

qu'en conversation il ne répondait guère qu'à lui-même. Il causait tout seul ce qui, vous ne l'ignorez pas, est le fait ordinaire des aliénés. Chez lui cette manie allait si loin que le marquis de Mirabeau, le père des deux Mirabeau, le Mirabeau-tonneau et le Mirabeau-tonnerre, l'ayant rencontré un jour dans je ne sais plus quel salon de Paris, déclara qu'il était « un tissu d'extravagances et un Mazaniello tout craché (1). » Vous connaissez du reste le mot spirituel de Voltaire sur son compte : « Cet homme n'est pas fait pour le dialogue, il n'est bon que pour le monologue. »

En cinquième lieu, tout le monde sait que lorsqu'à la fin de sa vie il fit le voyage de Paris à Pétersbourg il donna des signes non équivoques d'excentricité. Il traversa, en effet, toutes les villes du Nord de l'Europe en robe de chambre, en bonnet de nuit et en pantoufles suivi d'un laquais qui avait pour mission de dire aux passants en le montrant du doigt : « Voilà le célèbre M. Diderot. »

Ces raisons ne sont pas des preuves, je le sais, mais ce sont du moins des présomptions. J'aurais cru manquer gravement à mon devoir d'historien en ne vous les faisant pas connaître. Vous les peserez dans votre haute sagesse et vous en tirerez la conclusion que bon vous semblera.

Je ne sais si je me trompe, Monsieur, mais il me semble qu'il y aurait une thèse fort intéressante à faire sur l'état mental de Diderot. Ce travail revient tout naturellement à un membre du corps médical. J'engage M. le docteur Naudet à l'entreprendre. Il pourrait par exemple y consacrer les prémices de ses matinées : le matin d'ordinaire, on a l'esprit plus net. Qu'il se mette donc à l'œuvre. Je me charge de lui fournir des documents. Son travail achevé, il pourra le faire imprimer dans le *Bulletin de l'aca-*

____

(1) *Revue des Deux Mondes,* 1er mars 1869, art. de M. de Loménie intitulé : La comtesse de Rochefort.

démie de médecine, où il fera pendant à la notice du même genre qu'a publiée en 1866, à propos de Rousseau, un de ses collègues de Paris, M. le docteur Dubois (1).

En attendant, permettez-moi de conclure que si vous tenez essentiellement à ériger un monument à Diderot, ce n'est pas une statue que vous devriez lui élever, mais bien... un cabanon.

L. FRANÇOIS.

(1) De cette notice, il résulte clair comme le jour que l'auteur du *Contrat social* était littéralement fou. Cfr. la brochure qu'a publiée chez Plon, l'année dernière, M. Alfred Bougeault, sous ce titre : *Etude sur l'état mental de J.-J. Rousseau*. Chose curieuse, tous ces prétendus réformateurs de l'humanité qu'on propose aujourd'hui à notre admiration sont morts fous. Voir en particulier sur la folie de Luther, *Revue des questions historiques*, numéro du 1er juillet 1874, p. 235 et seqq.

LANGRES, TYP. RALLET-BIDEAUD.

QUATRIÈME

A M. BIZOT DE FONTENY

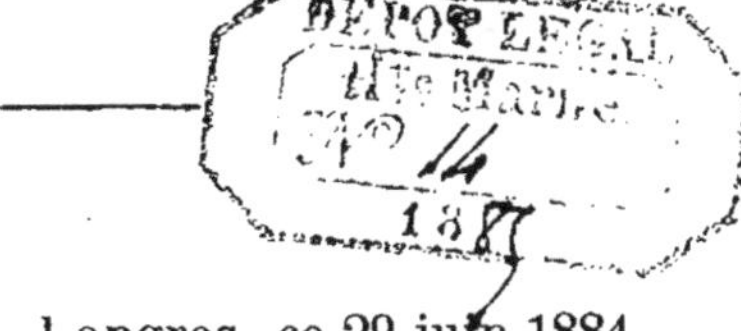

Langres, ce 29 juin 1884.

E terminais ma dernière lettre en vous disant que Diderot dans son enfance avait vraisemblablement reçu par accident quelque coup de marteau à la tête dans l'atelier de son père, mais qu'en tout cas il avait pendant toute sa vie manqué d'un sens et que ce sens c'était le bon.

Cette assertion vous aura sans doute paru bien étrange. Si étrange qu'elle soit, elle est cependant l'expression de l'exacte vérité.

Parmi les biographes de votre « illustre compatriote » en effet, il n'en est pas un seul, on peut le
dire, qui n'ait rendu hommage à sa..... quasi-
folie.

Comme la chose en vaut la peine, permettez-moi,
en guise d'exorde d'enregistrer ici leurs aveux.

Ecoutez d'abord M. Gerusez. Ce critique n'a jamais
que je sache passé pour un clérical. Eh bien voici ce
qu'il dit dans son *Histoire de la Littérature française*. (1) « Diderot a beaucoup raisonné en sa vie,
mais il n'a jamais atteint l'âge de raison »

M. Nisard, a formulé quelque part la même pensée
mais en lui donnant ce tour épigrammatique qui lui
est habituel : « Diderot, dit-il, est le type du dé-
cousu et de la témérité : il se permettait tout... même
la raison (2). »

Je ne sais si je me trompe, Monsieur, mais il me
semble que voilà un « *même* » qui est on ne peut
plus sanglant pour votre « illustre compatriote. »
C'est à peu près comme si l'on disait de vous, que
vous votez toujours à la Chambre pour le gouvernement, *même* lorsque par distraction, il arrive au
gouvernement de faire des motions conformes à
l'équité et au bon sens.

Mais continuons nos citations. M. Caro dans sa
récente étude sur Diderot déplore ce qu'il appelle
éloquemment les « folles orgies du cerveau » (3) de
l'homme aux treize maîtresses. Quant à M. Taine
il déclare (4) qu'il appartenait à cette génération
d'écrivains du dix-huitième siècle « où l'équilibre
mental n'était pas exact. »

Geoffroy le célèbre critique du *Journal des Débats*
va encore plus loin. « L'énergumène Diderot, dit-il,

<hr>

(1) Édit. in 8⁰ t. ıı p. 443.
(2) *Hist. de la Littérature française*, t. ıv, p. 482 ; 4ᵉ édition.
(3) *Revue des deux mondes*, 1ᵉʳ novembre 1879, p. 97.
(4) *Ancien Régime*, p. 343.

a dit-on écrit de belles pages, mais c'est à la façon des fous auxquels il arrive parfois de faire de beaux rêves. On eût pu lui donner pour théâtre et pour Parnasse... les Petites Maisons (1). »

Je pourrais vous citer ainsi vingt autres auteurs à commencer par M. Lerminier (2) et à finir par M. Matter (3) qui en termes plus ou moins identiques constatent que « votre illustre compatriote » n'était pas sans quelque ressemblance avec les pensionnaires de Bicêtre.

Terminons par un texte de M. Arsène Houssaye. Cet écrivain au jugement duquel j'ai déjà eu plusieurs fois à faire appel, reconnaît que Diderot était un « fou, » seulement il ajoute que c'était un fou « sublime. » Je ne sais pas trop, Monsieur, ce que peut bien signifier ce dernier membre de phrase. Un fou sublime, est-ce un homme dont la folie est élevée à sa plus haute puissance, ou bien est-ce un homme qui a la folie des grandeurs, comme par exemple ce malheureux Guyot-Montpayroux à qui « le vent qui souffle à travers la Montagne »..... de la Chambre où vous siégez, a enlevé sa raison. C'est une question que je vous laisse le soin de décider.

Quoiqu'il en soit, Monsieur, un fait reste acquis à l'histoire, c'est que Diderot était partiellement du moins atteint d'aliénation mentale.

Un fou, un prussien croisé de cosaque et un polisson, voilà donc quel a été le personnage dont vous vous apprêtez à célébrer le centenaire !

Après les révélations que je viens de vous faire sur son compte, si vous n'étiez aveuglé par la passion religieuse, vous renonceriez à cette glorification qui est à la fois une insulte au bon sens, à la France et à la morale et alors, de trois choses l'une, ou bien

(1) Cité par Barbey d'Aurevilly, dans *Gœthe et Diderot*, Paris. Dentu, 1880, p. 193.

(2) De l'influence de la Philosophie au xviiie siècle.

(3) Histoire des Doctrines morales, t. iii.

vous rembouseriez les souscripteurs qui — et c'est le cas du plus grand nombre — vous ont donné de l'argent pour Diderot, sans savoir au juste ce que c'était que Diderot (1) ou bien vous répartiriez le montant de la souscription entre ces infortunés vignerons de la vallée de l'Amance dont les récoltes ont été gelées il y a deux mois, ou bien enfin vous

(1) Je connais une commune, celle de Chatenay-Macheron, qui a souscrit pour dix francs et dont les habitants, me dit-on, sont encore actuellement convaincus que Diderot est un saint récemment canonisé par l'Eglise. — Je connais aussi une pauvre blanchisseuse de Langres à laquelle, pour lui arracher une pièce de vingt sous on a fait accroire que Diderot était un écrivain très-religieux attendu, lui a-t-on dit, qu'il a composé un livre intitulé : *La Religieuse.* — Je connais aussi un village du canton de Prauthoy où plusieurs familles ont été endoctrinées à peu près de la même manière par le notaire honoraire du lieu. Ce notaire honoraire qui, on le devine sans peine, est de vos amis et auquel je crois, songeait Charles Remy lorsqu'il a dit de je ne sais plus quel personnage

Il dînait de l'autel et soupait du théâtre,
Le matin catholique et le soir idolâtre.

ce notaire honoraire dis-je, avait assisté le 26 juin, Dieu sait avec quelle dévotion, à la première messe d'un jeune prêtre. Le lendemain il prit sa sébille et s'en alla frapper aux portes de ses compatriotes ou pour mieux dire, de ses administrés, car il est à ce qu'il paraît maire de la localité. Si je suis bien renseigné, voici à quels exercices il se livra à peu près dans toutes les maisons. « Il commençait, m'écrit-on, par tirer son mouchoir et par faire semblant d'essuyer au coin de son œil un semblant de larme reste soigneusement conservé des pleurs d'émotion que, disait-il, il avait versés à la belle cérémonie de la veille. Puis avec ce ton onctueux et pénétrant que vous lui connaissez, il partait de là pour chanter les louanges du sacerdoce catholique. On eut cru entendre saint Jean Chrysostome faisant au peuple de Constantinople une homélie sur la prêtrise. Pour que l'illusion eût été complète il ne manquait à l'ex-tabellion qu'un surplis et une étole. La conclusion uniforme de toutes ces petites allocutions était, non pas comme celle de Caton au Sénat, qu'il fallait détruire Carthage, mais bien qu'il fallait souscrire pour Diderot. Quelques bonnes ménagères, paraît-il, se laissèrent tromper par ces pieuses déclarations, et le lendemain, comme on leur reprochait d'avoir contribué de leur bourse à l'érection de la statue d'un athée : « Nous croyions, répondirent-elles, que M. le maire, quêtait pour l'œuvre des vocations sacerdotales. » — O Molière !!!

enverriez l'argent que votre comité a en caisse à ces malheureux habitants de Toulon et de Marseille auxquels les vaisseaux de M. Millot le général républicain qui vient de se battre ou pour mieux dire de se laisser battre au Tonkin, ont amené la peste.

Mais ce que je vous propose là, je le sais, est impossible. Vous êtes le prisonnier de la franc-maçonnerie et il faut de toute nécessité que vous exécutiez le mot d'ordre qu'elle vous a donné. Vous érigerez donc votre statue. Seulement, pour donner le change à l'opinion qui, vous le savez bien, est fort indisposée en ce moment contre vous, vous essaierez de colorer votre entreprise de certains prétextes honnêtes.

Ces prétextes, Monsieur, il n'est pas nécessaire d'être prophète pour les prévoir. Mais, je me hâte d'ajouter qu'il n'est pas besoin non plus d'être bien habile logicien pour en démontrer à l'avance toute l'inanité.

Avec cet amour des *distinguo* qui est la caractéristique de la secte politique à laquelle vous appartenez, comme elle a été au dix-septième siècle celle du jansénisme, vous essaierez d'établir dans votre « illustre compatriote » des distinctions impossibles.

Vous direz par exemple que ce n'est ni l'homme privé, ni le citoyen, que vous voulez couronner dans Diderot, mais bien le « fils du coutelier, » comme l'appelle M. Delécolle les jours où il est en veine d'éloquence, en d'autres termes « l'enfant du peuple. »

Personne ne vous croira, Monsieur, et cela pour deux raisons. La première c'est que tout le monde sait bien qu'en dépit de la cocarde démocratique de circonstance que depuis dix ans vous avez attachée à votre chapeau de néo-gentilhomme, vous n'êtes rien moins — vos votes sont là pour le prouver — qu'un ami des classes ouvrières, et que si actuellement, vous vous servez du peuple, vous n'avez jamais rien fait pour le servir. La seconde, c'est qu'il est de toute évidence que Diderot n'était en aucune façon un plébéien.

Il ne l'était pas par sa famille. Son père, comme diraient les bons communards de Paris dont tous les jours par votre politique vous préparez indirectement le retour aux affaires, son père, dis-je, était un « vil bourgeois. » La preuve, me direz-vous ? La preuve, c'est qu'il avait non-seulement un, mais plusieurs fermiers (1). La preuve encore, c'est que lorsqu'il mourut, il laissa à ses enfants une fortune que Diderot évalue dans une de ses lettres (2) à deux cent mille livres et qui aujourd'hui ne s'élèverait guère à moins de cinq cent mille francs. La preuve enfin, c'est qu'il possédait trois, peut-être même quatre maisons (3), dont deux à la ville et deux à la campagne.

Fils d'un bourgeois qui avait ainsi comme on dit, plusieurs pignons sur rue, Diderot, sauf toutefois pendant sa jeunesse où comme l'on sait il vécut en bohême et en enfant prodigue, mena toujours une existence bourgeoise. Il n'eut jamais du plébéien que sa tenue qui était d'ordinaire celle d'un paysan du Danube ; ses goûts étaient bourgeois : ils étaient même plus que bourgeois, ils étaient aristocratiques. On a remarqué en effet qu'il avait une affection toute spéciale pour la particule : sa belle-mère était une *de* Malville, sa fille épousa un *de* Vandeuil ; ses deux principaux amis furent deux *barons* : Grimn et d'Holbach. Quatre de ses maîtresses, nous l'avons vu, étaient nobles : Madame *du* Puisieux, Madame *de* Prunevaux, Madame *Le* Gendre et Madame *de* Blacy. Quant au peuple,

(1) Lettre à Mlle Voland, du 31 juillet 1759 : « J'ai vu depuis que je suis ici tous les fermiers de mon père. »

(2) Lettre à Mlle Voland, du 14 août 1759.

(3) Lettre du 31 juillet 1759. Dans cette lettre. Diderot déclare que son père avait « deux jolies chaumières à la campagne et une maison à la ville. » Dans une autre lettre du 10 août de la même année, la proportion est renversée, il est question de deux maisons à la ville et d'une à la campagne.

j'ignore si à l'exemple de Voltaire il le regardait comme un troupeau « de bœufs auxquels il faut un aiguillon, un joug et du foin (1), » mais ce que je sais bien, c'est qu'il n'a jamais écrit un seul mot en sa faveur.

Je me demande après cela comment vous pourrez bien vous y prendre pour transformer en fête démocratique le centenaire de Diderot.

Croyez-moi, Monsieur, cela est impossible, tout aussi impossible que de blanchir un Ethiopien ou de démontrer que M. Grévy est le type achevé de la générosité qui donne sans compter. Cette théorie d'un Diderot ami du peuple est une pure légende et vous devez renoncer à la rééditer, car autrement vous vous rendriez coupable d'un homicide d'un nouveau genre, vous feriez mourir tous les Langrois instruits... d'hilarité.

Eh bien, soit, me direz-vous peut-être, je reconnais que Diderot n'a pas aimé le peuple, mais il est du moins un fait certain, c'est qu'il est la plus grande illustration de notre ville. C'est un homme célèbre, et c'est à l'homme célèbre que nous voulons dans sa personne élever une statue.

Cette seconde échappatoire, Monsieur, ne vaut pas mieux que la précédente.

Diderot, j'en conviens, a été célèbre. Son nom, nous l'avons vu, était connu dans toute l'Europe, depuis les cafés borgnes du quartier latin, jusqu'aux antichambres de Frédéric II, depuis la salle à manger du baron d'Holbach au Grandval jusqu'au cabinet particulier de Catherine II à Saint-Pétersbourg. Mais il n'en résulte pas pour cela qu'il mérite un piédestal. La célébrité ne constitue pas le mérite, et il en est des hommes comme des femmes et comme des peuples : les meilleurs souvent sont ceux qui ne font point parler d'eux, ceux qui n'ont point d'histoire. Si l'on devait glorifier tous les personnages

(1) Lettre à Tabareau, 3 février 1769.

qui ont fait du bruit dans le monde, Ephèse devrait célébrer le centenaire d'Erostrate, Paris et Romans devraient ériger des arcs de triomphe, le premier à Cartouche, le second à Mandrin. Ces trois scélérats, d'après vos principes, ont autant de droits que Diderot à une statue, car ils jouissent d'une notoriété pour le moins égale à la sienne : d'après les miens, ils en ont même davantage, car ils sont moins coupables que lui. Erostrate en effet, n'a fait que brûler le temple d'Ephèse, tandis que Diderot a incendié le monde de ses pamphlets athées ; Mandrin et Cartouche n'ont fait que ravir aux passants des biens dont la perte après tout, comme dit le proverbe, n'est pas plaie mortelle, tandis que Diderot, ce forban littéraire, a passé sa vie à enlever aux hommes les croyances qui font à la fois tout leur honneur et toute leur félicité ici-bas.

Mais je vous entends. Il est un troisième et dernier subterfuge, auquel poussé à bout, vous aurez sans doute recours, pour donner au moins une apparence de raison, à votre fête maçonnique. Ce subterfuge le voici.

Admettons, me direz-vous, que ni comme fils, ni comme frère, ni comme époux, ni comme père, ni comme Langrois, ni comme Haut-Marnais, ni comme Français, Diderot n'a mérité les coûteux (1) honneurs que nous allons lui décerner. Admettons qu'à l'exemple d'Horace il se soit toujours tenu éloigné du profane vulgaire que comme lui il détestait ; admettons que sa renommée soit de mau-

(1) Le conseil municipal de Langres vient encore (séance du 28 juin) de voter SIX MILLE francs pour la célébration du centenaire. C'est donc une somme totale de NEUF MILLE francs qui va être dépensée pour la glorification d'un scélérat. Et dire que l'an dernier, nos édiles, sous prétexte d'économie, ont supprimé le traitement de nos vicaires et retiré aux religieuses du Saint-Sauveur la somme trop modeste qui leur avait été allouée par la ville, comme reconnaissance pour le dévouement dont, depuis vingt ans, elles font preuve en veillant nuit et jour au chevet des pauvres malades ! Sinistres farceurs, va !

vais aloi, il est du moins une gloire que vous
ne sauriez lui refuser, c'est d'avoir reculé les bornes
de la pensée humaine, c'est d'avoir été le Christophe
Colomb de tout un monde d'idées inconnu avant lui,
c'est d'avoir enrichi notre littérature de plusieurs
chefs-d'œuvre, c'est en un mot d'avoir été à la fois
un grand écrivain et un grand penseur.

Voilà à peu près, si je ne me trompe, quel sera le
langage des orateurs qui, le 3 août prochain, feront
en votre nom le panégyrique de Diderot. Ils glisseront
rapidement et pour cause sur l'homme moral ou
pour parler plus juste sur l'homme immoral ; mais
en revanche ils feront sonner très haut les prétendus titres de l'homme intellectuel. A commencer
par le ministre de l'instruction publique (1) et à finir
par le Petit Poucet intellectuel qui rédige, je devrais
dire qui ne rédige pas le *Spectateur*, ils s'atta-
cheront tous à prouver que Diderot a été un homme
de génie.

---

(1) C'est Son Excellence M. Fallières qui, paraît-il, présidera le
centenaire. Cette présidence revenait de droit au ministre des affaires étrangères puisque l'individu qu'il s'agit de célébrer n'a jamais
eu d'autre patrie que l'étranger. C'est ce qu'avait compris M. Bizot.
Aussi, nous dit le *Spectateur*, sa première invitation avait été pour
M. Ferry. Mais M. Ferry s'est récusé. Sa grandeur ministérielle
le retient, paraît-il, attaché aux rivages... de la Seine. Sa présence
à Paris est nécessaire en ce moment. Il faut qu'il surveille la
désaffectation de l'église de l'Assomption. Il faut qu'il décachette
les bulletins de défaite du général Millot. Du reste, grâce à
M. Gladstone et à Lord Lyons il a en ce moment une quenouille
diplomatique très difficile à filer. Ajoutez à cela que ses entrailles
se ressentent encore des émotions cholériques que lui a données
la discussion de la révision. Pour toutes ces raisons pour d'autres
encore sans doute, M. Ferry ne viendra pas à Langres et nous
serons privés du bonheur de voir de près ses favoris légendaires.
Mais consolons-nous. Nous aurons en revanche le plaisir d'entendre la voix éloquente de M. Fallières. — Une question à
propos de ce dernier personnage. Diderot n'aimait pas les avocats :
il leur décerne quelque part en compagnie du reste des procu-
reurs, — c'est-à-dire des avoués — et des notaires, l'épithète
« d'animaux. » Que va-t-il penser dans l'autre monde, quand il
s'entendra louer dans celui-ci par un avocat de troisième ordre,
par un compatriote des pâtés de Nérac.

Je connais d'avance, Monsieur, les semblants d'arguments qu'ils apporteront à l'appui de leur thèse et c'est précisément pour en commencer la réfutation que j'ai pris la plume aujourd'hui.

Mon but dans cette lettre et dans celles qui suivront sera de vous démontrer que si Voltaire selon le mot de Victor Hugo a été un « singe de génie, » Diderot, lui, n'a jamais été qu'un « singe du génie. »

Cette démonstration sera forcément longue et forcément aussi un peu technique. Seulement je ferai en sorte, pour ne pas fatiguer mes lecteurs, de l'égayer de temps à autre selon le précepte d'Horace par quelques petits intermèdes comiques (1).

Sous le bénéfice de toutes ces observations préliminaires qu'on trouvera peut-être un peu longues mais que comme dirait Pascal, je n'ai pas eu le temps de faire plus courtes, j'entre pour de bon en matière.

Vous dites donc, Monsieur, que Diderot était un génie.

Cette assertion me rappelle une jolie anecdote que je vous demande la permission de vous raconter.

On discutait un jour, dans un salon de Paris, sur les mérites de l'*Histoire du Consulat et de l'Empire*, de M. Thiers. Cet ouvrage, dit la maîtresse de la maison, est à mon avis un pur chef-d'œuvre. — Oui, s'écria un officier d'état-major, seulement il est très inexat en ce qui concerne les campagnes de Napoléon. — Pour moi, repartit un magistrat, je trouve que l'auteur ne nous donne qu'une idée bien

---

(1) Nous avons encore si je puis ainsi dire du rire sur la planche pour plusieurs semaines. Je n'ai encore rien dit en effet de la nouvelle liste de souscription, qu'a publiée dernièrement le *Spectateur* et qui commence par un certain M. Benet. Je n'ai encore pas parlé non plus de la quête ou plutôt, selon le mot très juste d'un journal de la localité, de l'enquête faite il y a quinze jours dans nos rues par nos municipaux. Tout cela viendra à son heure.

incomplète des travaux du Tribunat et des délibérations qui ont précédé la promulgation de notre Code. — Une chose m'a toujours étonné, observa dans son coin un banquier, c'est que M. Thiers qui, à la tribune, se montre si habile à aligner les chiffres de notre budget, traite dans son livre d'une manière si superficielle toutes les questions de finance. — Les erreurs financières ne sont rien, dit à son tour un vieil ecclésiastique, blanchi dans l'étude du *Corpus juris* et de la *Somme de saint Thomas*, ce sont surtout les erreurs religieuses qui me choquent dans l'historien de Napoléon : on ne peut faire un pas dans son récit sans en rencontrer une quantité.

La conclusion de cette conversation, Monsieur, était bien claire : seulement personne n'osa la tirer pour ne pas contredire trop ouvertement la maîtresse du logis. Cette conclusion, c'était que l'*Histoire du Consulat et de l'Empire* est un chef-d'œuvre, à cela près toutefois qu'elle est d'une extrême faiblesse sur toutes les questions dont elle traite.

A mon avis, Monsieur, il en est à peu près de même de Diderot. Diderot, comme vous le dites fort bien, est un « génie. » Seulement, ainsi que nous allons le voir, il est médiocre comme écrivain, pitoyable comme encyclopédiste, faible comme critique d'art, ennuyeux comme auteur dramatique, ordurier comme romancier, abominable comme politique et incohérent comme philosophe.

Parlons aujourd'hui si vous le voulez de l'Ecrivain et de l'Encyclopédiste.

La première chose qui frappe lorsqu'on considère Diderot comme écrivain, c'est son défaut d'originalité. Aucun de ses ouvrages, on peut le dire, ne lui appartient en propre. Tous sont, sinon des copies, du moins des imitations plus ou moins serviles. Pour vous en convaincre, je vais les passer en revue les uns après les autres.

Prenons par exemple l'*Essai sur le mérite et la vertu*; du propre aveu de l'auteur, ce livre n'est

qu'une traduction du philosophe anglais Shaftesbury (1).

Les *Bijoux Indiscrets*, si j'en crois l'abbé Raynal (2) ne sont que la malpropre reproduction d'un
roman infect publié quelque temps auparavant sous
le titre de *Nocrion*.

L'athée Naigeon de son côté, tout ami de Diderot
qu'il était, reconnaît qu'en composant son *Jacques le
Fataliste*, «votre illustre compatriote» s'est largement
inspiré du *Pantagruel* de Rabelais et du *Candide* de
Voltaire, et il ajoute que cet ouvrage « est fort au-
dessous de ces deux grands (?) modèles (3). »

Une bonne partie des *Pensées sur l'interprétation
de la nature* est tirée de Bacon (4); le reste, dit H.
Martin (5, n'est que le résumé des idées les plus ha-
sardeuses de Buffon, de Maupertuis et du grand
médecin vitaliste Bordeu.

Je ne parle pas du *Père de famille* et du *Fils naturel;* tout le monde sait que l'auteur véritable de
ces deux drames n'est pas Diderot, mais bien l'ita-
lien Goldoni.

Je ne parle pas non plus des *Pensées Philosophiques* qui sont extraites presque mot pour mot de
Bayle (6) le dialecticien amasseur de nuages du
XVIIe siècle, — ni des *Eléments de Physiologie*, ni
du *Rêve de d'Alembert*, ni de l'*Entretien avec d'A-
lembert* qui dit M. Caro (7) ne sont que de simples

---

(1) Ajoutons ici que de l'avis des connaisseurs, cette traduction
n'est qu'une trahison de l'original auquel elle est de beaucoup in-
férieure. Voir l'article qu'a publié sur Shaftesbury M. de Remu-
sat (Revue des Deux Mondes, nᵉ du 15 novembre 1862, p. 475).

(2) *Nouvelles Littéraires,* fragment placé par MM. Garnier en
tête de l'édition qu'ils ont donnée en 1877 de la correspondance de
Grimn.

(3) Mémoires sur la vie de Diderot, p. 312 (Edition Brière)

(4) Cogitata et vera de interpretatione naturæ.

(5) Histoire de France, t. XVIII, p. 287.

(6) Caro. Revue des deux Mondes, nº du 15 octobre 1879, p. 830.

(7) Ibid., p. 839 et 840.

recueils de notes prises dans la *Physiologie de Haller*.

Je ne parle pas davantage de l'*Essai sur le Beau*; il est démontré aujourd'hui que ce livre n'est rien autre chose qu'un résumé des idées de Wolf, de Hutcheson et du père André en matière esthétique.

Quant à l'Encyclopédie, personne n'ignore que Diderot en doit l'idée et le plan à deux anglais, Bacon et Chambers.

Il est inutile, je crois, que je poursuive l'énumération des plagiats plus ou moins déguisés de votre « illustre compatriote. » En la continuant, je serais fatalement amené à vous citer des noms propres qui vous dérouteraient sans rien vous apprendre. Vous ne connaissez pas Hutcheson, n'est-ce pas, ni Chambers non plus. Lors même que je vous dirais qu'ils sont de race britannique tout comme MM. Waddington et Thompson, vos collègues au parlement, vous ne seriez pas plus savant pour cela. J'aime mieux finir. Aussi bien, ce que je viens de vous dire suffit à la démonstration de ma thèse à savoir que Diderot n'est rien autre chose qu'une espèce d'arlequin philosophique arrogamment drapé dans un manteau fait avec des lambeaux arrachés aux habits de ses confrères, ou si vous aimez mieux une sorte de geai littéraire qui se pare des plumes des paons de tous les pays.

Si sur ce point vous n'en croyez pas ma parole, vous en croirez j'espère celle d'un ennemi de l'Eglise. Voici ce que dit Paul Albert dans ses leçons sur la *Littérature française au XVIIIe siècle* (1) : « Incapable de méditation, Diderot n'était qu'un écho sonore, qui répétait avec de brillantes variations la note lancée par d'autres. Le plus souvent la thèse initiale lui était suggérée par un autre; il n'avait que le mérite des développements fantaisistes, déclamatoires, exagérées. »

(1) Page 336.

Paul Albert se trompe Monsieur. Diderot avait encore un autre mérite que le critique libre-penseur ne lui reconnaît pas. Il était profondément obscur. Cela tenait-il à son tempérament germanique? je ne saurais le dire. Toujours est-il qu'au xviiie siècle on l'avait surnommé le Lycophron de la philosophie (1). Toujours est-il aussi que le poëte Gilbert voulant le caractériser par son trait essentiel n'a rien trouvé de mieux que ces deux vers :

> Et ce lourd Diderot docteur en un style dur
> Qui passe pour sublime à force d'être obscur.

Le troisième défaut qui empêchera à tout jamais de ranger Diderot parmi les grands écrivains de notre nation, c'est le manque de goût. Vous savez sans doute, Monsieur, quels étaient ses principes en matière de style? Il a pris soin de nous les exposer lui-même : « Quand je veux faire un livre, dit-il quelque part, je prends une plume, de l'encre, du papier, et PUIS VA COMME JE TE POUSSE (2). »

Nous sommes loin, vous le voyez, du fameux *polissez-le sans cesse* de Boileau. Cette théorie est on ne peut plus commode et je m'explique maintenant que le rédacteur du *Spectateur* ait une admiration si enthousiaste pour Diderot. C'est qu'il a exactement les mèmes procédés littéraires que lui. Lui ausi vous le savez, il prend une *plume* et puis, *va comme je te pousse* les gros blasphèmes contre Dieu et les petites calomnies contre le clergé de la Haute-Marne. Lui aussi, il prend de *l'encre* et puis, *va comme je te pousse* les admonitions comiquement pédantes, tantôt au Sénat qui hésite trop longtemps à se suicider en votant la révision, tantôt à la Cham-

---

(1) Sabatier de Castres : *Les trois siècles littéraires*, t. II, p. 469. Lycophron protestait publiquement qu'il se pendrait s'il trouvait quelqu'un qui put entendre son poëme de la prophétesse Cassandre. Je crois, dit un écrivain, que notre prophète moderne avait fait le même serment.

(2) *Revue des Deux-Mondes,* n° du 1er décembre 1879, p. 585.

bre qui a bien fait de voter la suppression du volon-
tariat. Lui aussi enfin, il prend du *papier,* et puis
va comme je te pousse les solécismes et les barba-
rismes.

Mais laissons-là M. Delécolle dont je flatte peut-
être l'amour-propre en parlant de lui dans mes
lettres et en contribuant ainsi à lui donner une
notoriété que sans cela il n'aurait sans doute jamais
eue ; laissons, dis-je, M. Delécolle, et revenons à
Diderot.

Diderot, Monsieur, mit en pratique sa théorie *du
va comme je te pousse.* Aussi le plus complet dé-
cousu règne-t-il dans ses ouvrages. C'est ce qui a
fait dire au chevalier de Chastellux rendant compte
de je ne sais plus laquelle de ses productions : « Ce
sont des idées qui se sont enivrées et qui se sont
mises à courir les unes après les autres. » Et puis
l'emphase arrive vite dans ces pages que la passion
dicte, que la raison ne surveille pas, et avec l'emphase, la déclamation. Les oh ! les ah ! les mon cher
ami ! les quoi ! y pullulent. Ce sont des pamoisons
continuelles. Diderot a tous les défauts de l'école
sentimentale de Rousseau sans en avoir les qualités.
C'est donc un médiocre écrivain. Sainte-Beuve a
dit de lui qu'il n'avait pas laissé un seul « chef-
d'œuvre (1), » et Marmontel qu'il n'avait pas laissé
un seul livre. M. Caro va encore plus loin. Il soutient qu'il n'a pas laissé une seule page digne de
passer à la postérité : « Je porte un défi, écrit-il
quelque part (2), je porte un défi à l'admirateur le
plus passionné de pouvoir citer une page entière de
Diderot sans quelque scrupule ou quelque appréhen-
sion sur un mouvement trop prolongé et qui s'use
en se répétant, sur quelque négligence grave ou
quelque banalité qui déconcerte l'impression donnée,
sur quelque métaphore incohérente, plus souvent

(1) *Causeries du Lundi,* t. III, p. 240.
(2) *Revue des Deux-Mondes,* 1er décembre 1879, p. 598.

sur l'exagération manifeste du ton qui s'élève jusqu'à blesser les oreilles un peu délicates, comme un bruit excessif d'instruments ou une tempête d'orchestre. »

Voilà, Monsieur, ce qu'ont pensé et dit de votre « illustre compatriote » considéré comme littérateur, les maîtres de la critique.

Oserez-vous bien encore après cela répéter que Diderot est un écrivain de génie?

Un écrivain de génie! Non, Monsieur, il ne l'a pas été, et au risque de vous scandaliser, je vous dirai même, qu'étant donné sa vie, il ne pouvait pas l'être. Il était, je vous l'ai prouvé, le roi des libertins de son temps : or comme l'a dit Voltaire qui en avait fait personnellement lui-même l'expérience :

> Un esprit corrompu ne fut jamais sublime.

Eh bien soit, me direz-vous peut-être, je vous abandonne l'écrivain, mais c'est à la condition que vous me laisserez l'Encyclopédiste. Comme Encyclopédiste, Monsieur, — mon ami Spuller vous l'a prouvé dans sa conférence (1), — Diderot est vraiment admirable, convenez-en.

---

(1) Cette conférence à laquelle plusieurs fois déjà j'ai eu occasion de faire allusion, a eu lieu au théâtre le 8 juin dernier. En ma qualité d'historigraphe de la « chère œuvre da la statue » je dois en dire ici un mot. — Constatons d'abord que tout l'honneur ou pour mieux dire toute la responsabilité de cette nouvelle manifestation en l'honneur de Diderot revient à M. Bizot. J'ignore si c'est lui qui en a eu l'initiative. Mais ce que je sais bien c'est que c'est lui qui en a eu la présidence et que c'est lui aussi qui en avait préparé les éléments. Trois jours avant le 8 juin il avait quitté la Chambre où pourtant aurait du le retenir sa charge de député, car on y discutait alors l'importante interpellation relative aux tripotages du préfet de la Corse, et s'était transporté à Langres, avec ou sans mandat régulier, mais — je le crois du moins — son traitement courant toujours, pour stimuler le zèle de ses amis, et les engager à venir entendre le conférencier. Ce conférencier, — c'est une justice que je me plais à rendre à « notre sympathique député » (style du... *Spectateur*) — avait été admirablement choisi. Pour attirer du monde au théâtre il fallait quelque chose comme une curiosité

Je ne conviens de rien du tout, Monsieur, sinon
que pour mettre son admiration dans l'Encyclopédie
il faut en avoir à revendre.

On a souvent comparé l'encyclopédie à une Babel.
On a eu raison.

La Tour de Babel, vous l'avez sans doute appris
dans votre enfance, alors que l'histoire sainte n'était

parlementaire : — pour célébrer dignement les louanges d'un individu qui comme Diderot a été toute sa vie prussien par le cœur il
fallait un *allemand* — enfin pour réconcilier les Langrois avec Diderot, car c'était là le but de la manifestation, il fallait un *opportuniste* qui sut ce qu'il était opportun de taire et ce qu'il était opportun de dire. M. Bizot l'avait parfaitement compris. Aussi son choix
tout naturellement s'était porté sur M. Eugène Spuller un de
« ches éminents collègues » de la Chambre qui est à la fois *curieux*
à voir en tant qu'ancien ami de M. Gambetta, *allemand* par son
père qui est de race badoise et enfin *opportuniste* de la plus belle
race puisque si je ne m'abuse il est vice-président de l'Union républicaine (avec un grand u). Le discours de M. Spuller fut juste la
contre-partie de la harangue prononcée au même lieu et à la même
place il y a cinq ans par M. de Lanessan, c'est-à-dire qu'il fut juste
la contre-partie de la vérité. L'orateur avait pour mission de préparer ses auditeurs à bien recevoir le lendemain les quêteurs qui
viendraient leur demander de souscrire pour Diderot. Il s'acquitta
de son rôle — il ne m'en coûte rien de le reconnaître — avec
beaucoup d'habileté. Au point de vue..... comment dirais-je..... au
point de vue financier, c'est-à-dire comme moyen d'amener des
gros sous dans la boîte à Perrette du comité-Diderot, sa conférence
fut parfaite : mais au point de vue historique c'est autre chose. Le
Diderot qu'il présenta au public est un Diderot avant tout laborieux,
humanitaire, curieux de savoir, c'est-à-dire un Diderot fantaisiste.
Mais laissons pour le moment le discours de M. Spuller : nous y
reviendrons quand le *Spectateur* selon sa promesse en aura publié
le texte, et alors nous examinerons la question de savoir si comme
le rapport sur l'article 7 fait par le même orateur en 1879, il n'est
pas un tissu de bévues historiques. (Voir une brochure publiée
chez Lecoffre en 1879 sous ce titre : *Erreurs de M. Spuller*). —
Après la fête intellectuelle, la fête corporelle. Le soir un grand
banquet fut offert à M. Spuller à l'hôtel de l'Europe. Cinquante
environ des plus fervents adeptes de Diderot y assistèrent. « La
table, nous dit le *Spectateur*, était bien servie. » Les convives tra-
vaillèrent-ils aussi bien de la fourchette qu'autrefois Diderot au
Grandval ? Je ne suis pas en mesure de l'affirmer. Tout ce que je
puis dire, c'est qu'à la fin du dîner ils étaient presque dans la

pas encore bannie des écoles, la Tour de Babel, dis-je, était un monument d'impiété qui a abouti à la confusion des langues et par là même aussi à la confusion des idées.

Or, tel est précisément le double caractère de l'Encyclopédie.

Elle est d'abord, et avant tout, une machine de guerre contre l'Eglise. Ses auteurs eux-mêmes en sont convenus. « En la composant, nous dit (1) Con-

même situation où le même Diderot déclare s'être mis trois ou quatre fois avec l'allemand Weinacht.

C'est M. Delécolle lui-même qui nous en fait l'aveu : « Encore quelques toasts, dit-il, et nous étions perdus et notre dignité menaçait d'être à tout jamais noyée dans le champagne » (*Spectateur* n° du 11 juin). Ajoutons que toutes ces libations produisirent l'effet qu'on était en droit d'en attendre. Le vin comme dirait Boileau,

> Le vin aux plus muets fournissant des paroles,
> Chacun a débité ses maximes frivoles,
> Réglé les intérêts de chaque potentat,
> Corrigé la police et réformé l'Etat.

M. le sous-préfet but « au chef vénéré de l'Etat » — il paraît que c'est ainsi que dans la langue officielle, on appelle M. Jules Grévy. — M. Spuller but à la République. M. Trélousse but au Conseil municipal de Langres. M. Bizot but à M. Ferry. M. Delécolle but à la Presse. L'espace me manque pour rapporter les petits discours moitié bachiques et moitié politiques que les murailles d · l'Hôtel de l'Europe eurent alors à entendre. Encore un détail qui celui-là est vraiment topique. Il paraît, toujours à en croire cet enfant terrible qu'on appelle le *Spectateur*, qu'à la fin du banquet, M. Bizot qui d'ordinaire est muet — sans comparaison — comme les carpes de l'Aujon, avait la langue si bien déliée que non seulement il « improvisa » mais qu'il improvisa d'une manière « heureuse. » Je ne me permettrai ici qu'une seule réflexion : Saint Thomas d'Aquin déclarait autrefois qu'il donnerait volontiers toute la ville de Paris pour le texte de je ne sais plus quelle homélie de saint Jean Chrysostome. Moi je donnerais bien... toute la Chambre actuelle des députés pour le texte de « l'improvisation heureuse » de M. Bizot. Ce doit être une chose curieuse qu'une improvisation heureuse de M. Bizot après boire !

(1) Je cite ce texte de mémoire : je suis sûr du sens, mais je ne réponds pas des paroles.

dorcet, nous avons voulu faire un ouvrage où la religion respectée en apparence serait ou trahie par la faiblesse de ses preuves ou ébranlée par le voisinage des (faux) principes philosophiques qui en sapent les fondements. » Ce programme était perfide. Je n'ai pas besoin de vous dire qu'il fut exécuté plus perfidement encore. L'habileté des directeurs de l'Encyclopédie consista surtout à dérober les maximes voltairiennes dans les articles où l'on s'attendait à les trouver et à les produire, au contraire, dans ceux qui semblaient naturellement les exclure. Des renvois ménagés avec art étaient destinés à conduire les lecteurs aux mots où était démontrée la prétendue fausseté de ce qu'ils venaient de lire. Ainsi, par exemple à l'article *Dieu*, se trouvaient réunies toutes les preuves physiques et métaphysiques de l'existence d'un être suprême. Mais aux mots *démonstration* et *corruption*, on voyait disparaître successivement ces preuves et on ne retrouvait plus qu'incertitude et doute. Les mots *âme*, *liberté*, *spiritualité* étaient discutés avec clarté, rectitude et profondeur, mais les arguments en faveur de l'immortalité et de la spiritualité de l'âme étaient combattus aux articles *Droit naturel*, *Locke* et *Animal*.

Ainsi donc, désolant scepticisme d'une part, honteuse tartuferie de l'autre, voilà ce qu'est l'Encyclopédie au point de vue religieux.

Au point de vue littéraire, c'est le chaos. Personne sous ce rapport ne l'a jugée plus sévèrement que ses auteurs.

Ecoutez ce qu'en disait Voltaire :

« C'est un édifice moitié de marbre et moitié de boue (1). »

« C'est un ouvrage infecté, avili par mille articles

____

(1) Lettre du 26 juillet 1755.

ridicules, par mille déclamations d'écolier (1)...
plein de puérilités et de lieux communs sans principes, sans définitions, sans instruction (2)... Ce ne
sera jamais qu'un gros fatras (3)... dans lequel il y
a à côté de l'or pur beaucoup trop de fange (4). »

Ecoutez ce qu'en pensait d'Alembert :

« C'est un habit d'arlequin, dit-il, où il y a quelques
morceaux de bonne étoffe et trop de haillons (5) »

Ecoutez enfin comment la définissait Diderot :

« C'est un gouffre où des espèces de chiffonniers
jetèrent pêle-mêle une infinité de choses mal vues,
mal digérées, bonnes, mauvaises, détestables, vraies,
fausses, incertaines et toujours incohérentes et disparates (6). »

Voilà, Monsieur, au jugement même de ceux qui
l'ont composée quelle est la valeur de l'Encyclopédie.

Il est inutile, après cela, que je vous démontre
que ce fastueux dictionnaire est aujourd'hui justement et complètement démodé, que tous les hommes
spéciaux qui l'ont examiné du vivant même de Diderot l'ont déclaré très médiocre quant à la partie
sur laquelle ils avaient des lumières particulières (7),
que l'étendue relative des articles y est bien souvent
en raison inverse de leur importance et qu'enfin le
style en est à la fois si lâche, si obscur et si pédan-

<hr>

(1) Lettre du 4 avril 1758.

(2) Lettre du 16 novembre 1758.

(3) Lettre du 22 mars 1769.

(4) Lettre du 28 octobre 1769.

(5) Lettre à Voltaire, 22 février 1770.

(6) Cité par Godefroy : *Histoire de la littérature française*,
t. III, p. 70.

(7) C'est ainsi pour ne citer qu'un seul exemple que le maréchal
prince de Ligne trouvait pitoyable la partie militaire *(Mélanges,*
t. XX, p. 27.)

tesque qu'on a pu dire d'elle ce que Boileau a dit de la Pucelle de Chapelain.

> Mais je ne sais pourquoi je baille en la lisant.

Du moment que Diderot lui-même reconnait que l'Encyclopédie est une œuvre misérable, ce serait perdre mon temps que de m'attarder à vous prouver qu'elle n'est pas une œuvre admirable.

Encore un mot, Monsieur, avant de clore cette lettre.

On m'a appris ce matin que c'était aujourd'hui votre fête.

Cette circonstance m'a donné l'idée de faire des recherches sur la manière dont Diderot avait l'habitude chaque année d'honorer saint Denis son patron. Mes études, je suis heureux de vous l'apprendre, ont été couronnées d'un plein succès. Après avoir longtemps feuilleté et refeuilleté la correspondance à Mlle Voland j'ai fini par découvrir dans une lettre en date du 26 octobre 1769, un texte on ne peut plus explicite.

Ce texte, j'en conviens, n'est pas précisément édifiant, mais en revanche il a un parfum incontestable d'actualité. C'est pour cela que je crois devoir en guise de bouquet, le mettre aujourd'hui sous vos yeux.

Voici donc ce qu'on lit dans la lettre en question :

« Nous avons soupé jusqu'à dix heures du matin (1). Je n'ai pas bu une goutte d'eau : ils chancelaient tous. J'étais ferme sur mes pieds. Dix bouteilles de champagne rouge, trois de champagne mousseux blanc; une bouteille des Canaries, des

---

(1) Diderot, comme il ressort de toute sa correspondance, commençait d'ordinaire son repas du soir vers les huit heures. C'est donc un total de *quatorze heures* que Did rot sera resté à table ce jour-là.

liqueurs de deux ou trois sortes, et du café : tout cela sans la moindre insomnie ou le plus léger mal de tête. »

N'est-ce pas, Monsieur, que cette anecdote est charmante? Je craindrais d'en affaiblir la portée en la commentant. Je me contente de la livrer non pas certes à votre imitation, mais à vos réflexions.

Au revoir, Monsieur Bizot.

L. François.

ERRATUM

Page 88, note 1, ligne 13, au lieu de : *mandat*, lire : *congé*.

LANGRES, TYP. RALLET-BIDEAUD.

CINQUIÈME

A M. BIZOT DE FONTENY

Langres, ce 5 juillet 1884.

. Monsieur,

N peut résumer en deux mots toute la vie de Diderot : comme homme privé, il n'a fait que des débauches; comme écrivain, il n'a fait que des ébauches.

J'ai commencé l'autre jour à vous démontrer la vérité de cette dernière proposition.

Je continue aujourd'hui. Je tiens à prouver par A plus B au public, comme diraient les algébristes, que votre « illustre compatriote » n'a absolument excellé dans aucun genre, sinon peut-être dans le seul genre qui au jugement de Voltaire soit mauvais, c'est-à-dire dans le genre ennuyeux.

Reprenons donc, je vous prie, notre discussion au point où nous l'avons laissée le 29 juin. Nous en étions restés, si je ne m'abuse, à l'*Encyclopédie*. Désirez-vous que je revienne sur ce sujet?

Cela est inutile, me répondrez-vous peut-être. Les textes que vous avez cités m'ont convaincu. Aussi bien ce n'est plus l'encyclopédiste que je prétends maintenant honorer dans Diderot, c'est le polémiste. Comme polémiste, Diderot fut incomparable, — mon vieil ami Naudet vous le démontrera le 3 août prochain (1).

---

(1) Il paraît que ce sera M. Naudet, qui, le jour de l'inauguration de la statue, fera au nom de la ville l'éloge de Diderot. C'est, dit-on, hier soir que notre conseil municipal l'a chargé de cette mission. Si j'en crois les bruits qui courent dans les rues cancanières de Langres, son élection aurait été précédée d'une discussion du plus réjouissant comique.

M. Darbot aurait voulu qu'on nommât M. Horiot. M. Horiot se récusa, alléguant et avec raison selon moi que n'ayant été élu le 11 mai dernier que par quatre cent quatre-vingt-douze voix sur dix-neuf cents et quelques électeurs inscrits qu'il y a à Langres, il ne représentait pas la ville et par conséquent ne pouvait porter la parole en son nom.

Quelqu'un proposa alors la candidature de M. Monssu. L'orateur au rabot fit comme avait fait le conseiller des Franchises : « Messieurs, dit-il, j'accepterais volontiers la charge de panégyriste de Diderot, mais il y a deux petites choses qui m'embarasseraient. Ces deux toutes petites choses sont la vie et la mort du personnage qu'il s'agit de célébrer. Si ce n'était pas cela.... » !

Le Tirard de notre conseil municipal, l'ex-bijoutier en faux, Carton voyant le refus de M. Monssu engagea ses collègues à voter pour Mᵉ Mougeot : « Mᵉ Mougeot dit-il, plaide souvent en cour d'assises : il est par conséquent habitué à traiter des questions grivoises dans le genre de celles qui se rencontrent dans l'histoire de Diderot. C'est lui qu'il faut choisir ». « Me choisir, s'écria alors Mᵉ Mougeot, ah! Messieurs, vous n'y pensez pas. Vous savez bien que je manque de littérature, — la désastreuse campagne que j'ai essayé de faire au début de cette année, dans la *Gazette des Travailleurs*, contre le conseiller général de Montigny l'a démontré avec une douloureuse évidence. Vous savez bien

J'ignore, Monsieur, ce que M. le docteur Naudet compte me démontrer : j'ignore même s'il démontrera quelque chose : étant donné ses habitudes d'esprit, je crois qu'il affirmera beaucoup sans rien

aussi que je manque de prestige, — l'*Union de la Haute-Marne* ne m'appelle plus maintenant que « l'oison du Bassigny » (Voir l'*Union* du 1er janvier 1884.

Eh bien, alors, clama d'une voix qui n'est pas précisément atti que M. Millet l'entrepreneur, qu'on vote pour Legendre. — Le gendre de qui ? demanda M. Chareton. — Le gendre de personne *(bruyante hilarité dans l'auditoire)*, Legendre le percepteur ! Je me suis laissé dire qu'il y a de cela environ six semaines il avait adressé aux bons habitants de Vesaignes, pour les amener à souscrire pour Diderot, une petite allocution tout à fait pathétique. Probablement qu'il l'a sait encore par cœur. Il n'aura qu'à la répéter. — La personne de M. Legendre nous est à tous on ne peut plus sympathique, répliqua M. Chareton. Il ferait je crois un excellent receveur municipal. Mais comme panégyriste de Diderot, soit dit sans blesser sa modestie, il ne nous convient pas. L'aquilinité de son nez qui, comme vous le savez, l'a fait choisir il y a trois ou quatre ans pour représenter Henri IV dans je ne sais plus quelle cavalcade, rappelle trop ouvertement — ainsi du reste que la blancheur de ses cheveux, — le gouvernement qu'il a jadis servi avec tant d'ardeur. Si nous le prenions pour orateur, vous entendez d'ici les plaisanteries peu charitables auxquelles les cléricaux de Langres se livreraient sur son compte. »

« M. Chareton a raison, bégaya M. Darbot, il faut à tout prix éviter de faire rire le public à nos dépens et c'est pour cela précisément que dans la circonstance présente je vous prie de reporter vos voix sur un autre que sur moi. Si je faisais l'éloge de l'athée Diderot, on ne manquerait pas de e rappeler le temps encore peu éloigné où, comme certain personnage de Molière, chaque dimanche à la cathédrale,

> ...... Je venais d'un air doux,
> Tout vis à vis du Christ me mettre à deux genoux,
> Attirant les regards de l'assemblée entière
> Par l'ardeur dont au ciel je poussais ma prière.

Vous comprenez sans peine que tout cela me serait peu agréable à entendre. »

« J'opine comme M. Darbot, dit M. Denizet, et pour ne pas fournir aux réactionnaires l'occasion de rappeler que j'ai été élevé à l'établissement catholique de Malroy, je décline toute candidature et je cède mes droits à M. Viard. »

M. Viard, en entendant prononcer son nom, devint plus rouge encore, et ce n'est pas peu dire, que ses opinions : « Messieurs, dit-il

démontrer du tout. Une chose, en attendant, demeure certaine, c'est que Diderot n'avait pas plus le tempérament d'un polémiste que M. Grévy n'a le goût, en ce moment, d'aller relever par sa présence au milieu d'eux le moral des pauvres cholériques de Marseille et de Toulon. Lorsqu'on l'attaquait, il faisait ce que fait votre journal le *Spectateur* depuis que ces lettres paraissent, il gardait

> ...de Conrart le silence prudent,

ou bien, s'il essayait de riposter, c'était pour insulter ceux qui avaient le mauvais goût de ne pas le croire sur parole. Le Père Berthier, un des plus savants jésuites du temps, eut à en faire l'expérience. S'étant avisé, un jour, de demander à Diderot la preuve de je ne sais plus laquelle de ses assertions, non seulement celui-ci lui répondit comme Talleyrand répondait à ceux de ses créanciers qui lui demandaient à quelle époque il comptait les payer : « Monsieur,

vous savez quel zèle j'ai mis à aller mendier de porte en porte dans les rues de Langres pour la statue de Diderot, vous savez que le jour de la conférence, non content de mettre toutes les plus belles fleurs de mes serres à votre disposition, j'en ai moi-même porté une bonne partie au théâtre pour orner la statue de celui que M. Gardiennet a justement appelé un « grand philosophe. » J'aime donc beaucoup Diderot, personne d'entre vous n'a le droit d'en douter. Seulement si je l'aime beaucoup je ne le connais pas du tout : je n'ai jamais lu une seule ligne de lui (*plusieurs conseillers tout bas : il n'est pas seul ici dans ce cas-là!*) malgré toute ma bonne volonté, il m'est impossible de composer sur lui un discours.

Ces débats menaçaient de s'éterniser et la délibération tournait au vaudeville, quand M. le Docteur Naudet se leva : « Messieurs, dit-il votez pour moi, je suis votre homme. J'ai aperçu dernièrement sur la vitrine de notre ami Sommier un petit volume de la *Bibliothèque démocratique*, de Victor Poupin, publié par Albert Collignon, sous ce titre : *Diderot, sa vie et ses œuvres*. Je l'achèterai. Je ferai un bouquet des plus belles phrases qui s'y trouvent et je servirai le tout à mes auditeurs. Personne ne songera à recourir au texte pour constater mon plagiat et alors *e finita la commedia*, le tour sera joué. — Le conseil, à l'unanimité, adopta cette motion et M. Darbot leva la séance.

vous êtes bien curieux, » mais il lui adressa encore par surcroit toute une litanie d'injures dans le genre de celles-ci : « Mon Père, vous raisonnez comme une pantoufle : Mon Père vous êtes une cruche ! Mon Père, il n'y a pas à discuter avec vous, car vous avez une tête à perruque. (1) »

Voilà, Monsieur, quel fut le polémiste dans Diderot. Voilà quelles épithètes académiques il jetait à ses contradicteurs pour les convaincre de leurs torts. On croirait entendre ce gros moine saxon de Luther appelant entre deux pots de bière les docteurs de la Sorbonne « les plus ânes des ânes et les plus pourceaux des pourceaux (2). » Pascal, dans ces immortelles menteuses qu'on appelle les *Provinciales,* est un peu plus fin que cela, il faut en convenir : oui, mais c'est qu'aussi Pascal, bien qu'il ait soutenu une mauvaise cause, était vraiment un grand polémiste ; tandis que Diderot, lui, n'a jamais été que le clown du métier.

Clown tant que vous voudrez, me direz-vous sans doute, mais ce clown m'est cher. Si Diderot a gâté par les grossièretés de sa plume son talent de polémiste, il n'en reste pas moins le premier de nos critiques. J'ai lu quelque part que c'était lui qui avait crée en France la critique littéraire.

Ce que vous avez lu, Monsieur, est sinon un mensonge, du moins une contre-vérité. Diderot n'a pas inventé la critique littéraire. Il ne l'a pas inventée par la même raison pour laquelle les habitants de Champlitte n'ont pas inventé la poudre, c'est-à-dire parce qu'elle était inventée avant eux. Dès le dix-septième siècle, en effet, cette branche du savoir humain avait eu d'illustres représentants. Ces représentants je n'ai pas besoin de vous les nommer. C'est Boileau, avec ses *Satires,* ses

____

(1) La Harpe, *Cours de Littérature,* t. xviii, p. 14.
(2) Diderot, on le voit, se montre allemand jusque dans ses procédés de discussion.

Epitres et son *Art poétique*, où sont fouettés jusqu'au sang les petits et les grands Delécolle du temps; c'est Fénélon, avec sa *Lettre à l'académie*, où il a semé pour ainsi dire à plein sac les remarques délicates et les judicieuses appréciations; c'est La Bruyère, avec ses *Caractères,* où les jugements littéraires sont mélangés aux peintures de mœurs; c'est le spirituel Fontenelle, avec ses *Eloges*; c'est l'honnête et utile Rollin, avec son *Traité des études;* ce sont enfin tous les auteurs qui ont pris part à la fameuse querelle des anciens et des modernes.

Diderot, vous le voyez, n'a donc pas eu à créer la critique littéraire. Elle existait avant lui. Mais, me direz-vous, s'il ne l'a pas inventée, il l'a du moins perfectionnée, il lui a fait faire un grand pas.

Un grand pas en arrière, oui. — Comment cela, me demanderez-vous peut-être? — Comment cela, eh bien je vais vous le dire.

Les jugements de votre « illustre compatriote » manquaient d'abord de sérieux. Savez-vous comment il s'y prenait lorsqu'il avait à rendre compte d'un ouvrage ? Il commençait... par « ne pas le lire. » C'est son ami Naigeon qui nous en fait l'aveu : « Diderot, ajoute-t-il, était incapable de s'assujettir à ne voir dans un livre que ce qui s'y trouve; il raisonne quelquefois sur des faits qui n'ont de réalité que dans son imagination ; il brouille et confond tout, on ne saurait trop se défier de Diderot lorsqu'il cite. Je ne connais pas en ce genre un plus mauvais guide. Il est rare qu'il s'autorise d'un fait sans l'altérer (1). »

Diderot, Monsieur, était donc un critique essentiellement fantaisiste. C'était de plus un critique essentiellement partial. Il admirait le fade poëme de Saint-Lambert et il plaçait Voltaire au dessus des deux rois de notre scène tragique, Corneille et Racine, uniquement parce que Saint-Lambert et

---

(1) Diderot, *OEuvres*, t. ix, édit. Brière.

Voltaire appartenaient à la petite Eglise de l'encyclopédie. Dans ses *Bijoux indiscrets*, au contraire il
faisait ordonner au sultan du Congo comme somni-
fère par son médecin la lecture de la *Marianne* de
Marivaux, uniquement parce que Marivaux s'obs-
tinait, en dépit de la corruption et de l'incrédulité
universelle des beaux esprits du temps, à rester à la
fois honnête homme et chrétien.

Votre « illustre compatriote » Monsieur, avait
donc, comme certain républicain de votre connaissance, deux poids et deux mesures. Mais c'était là
son moindre défaut. S'il manquait de justice, d'après
M. Villemain il manquait bien davantage encore
de « justesse (1). » « Diderot, dit l'éminent professeur
de Sorbonne, a surtout contribué à donner aux jugements littéraires cette chaleur extatique, cet
engouement fantasque, ces emportements d'admiration ou de dédain, souvent éprouvés ou affectés
depuis et qui ne sont pas la vraie éloquence du genre,
celle dont Cicéron, Fénélon, Voltaire ont animé la
critique... Il y a beaucoup à rabattre de ce qu'il dit,
beaucoup à retrancher (2). »

Après vous avoir cité ce texte si peu flatteur pour
votre « illustre compatriote » je n'ai plus Monsieur
ce me semble, comme on dit en style de journalisme,
qu'à tirer l'échelle, en vous laissant à vous le soin de
de tirer la conclusion.

La conclusion c'est que Diderot avait juste l'inverse des qualités du critique littéraire, de même
que, selon le mot de l'abbé Arnaud, il avait juste
« l'inverse du génie dramatique (1). »

Mais ici, je le prévois, vous allez m'arrêter : Monsieur, me direz-vous, je veux être généreux. Je reconnais que Diderot comme critique littéraire s'est
montré médiocre, et médiocre d'une médiocrité qui

(1) *Littérature du* xviiie *siècle*, t. ii, p. 129.
(2) *Ibid.*, p. 128.
(3) Cité par Sainte-Beuve, *Causeries du lundi*, t. iii, p. 232.

n'était pas même dorée comme celle qu'a chantée Horace, mais il est du moins une branche dans laquelle vous devez avouer qu'il a surpassé tout le monde et qu'il s'est surpassé lui-même, c'es: la critique d'art. La critique d'art ! c'est là qu'est vraiment la supériorité de Diderot, c'est là qu'est son titre le plus solide à la statue que nous allons lui élever, et c'est sur ce terrain que nous comptons nous placer, le trois août prochain, pour glorifier sa mémoire. Je vous défie de nous y poursuivre.

J'accepte le défi, Monsieur, je l'accepte à la fois avec défiance et avec plaisir : avec défiance, parce que je prévois que ce que je vais dire heurtera chez plusieurs des préjugés depuis longtemps enracinés ; avec plaisir, parce que je sais que je vous serai agréable en causant esthétique avec vous. Vous êtes, en effet, grand amateur d'objets d'art. Je crois même que vous êtes un peu connaisseur, car je me souviens d'avoir vu dans votre salon, il y a une douzaine d'années, une série de portraits des princes de la maison de Bourbon qui m'a prouvé que lorsqu'il s'agissait de choisir des gravures pour orner votre intérieur, vous aviez le goût très fin. Il est vrai que c'étaient peut-être des tableaux de famille ! Quoiqu'il en soit, parlons de Diderot considéré comme critique d'art. En quoi, sous ce rapport, consiste d'après vous sa supériorité ?

Elle consiste premièrement, me répondrez-vous sans doute, en ce que c'est lui qui le premier en France eut l'idée d'écrire des *Salons*.

Votre *premièrement*, Monsieur, je suis fâché de vous le dire, est une première erreur de votre part. La vérité est que, comme salonnier, Diderot a eu de nombreux précurseurs. Pour vous en convaincre, vous n'avez qu'à prendre le *Dictionnaire* de Barbier ou bien les *Supercheries littéraires* de Quérard et vous y verrez que de 1727, époque à laquelle comme vous le savez, le public commença à être admis à visiter les expositions de peinture, jusqu'au moment où Diderot sur l'invitation de Grimn, écrivit son premier compte-rendu du *Salon,* on vit éclore, « comme des mouches (1), » selon le mot d'un critique, toute une nuée de volumes renfermant des appréciations sur les tableaux des principaux artistes du temps. « Les ateliers rivaux, poursuit l'auteur que je viens de citer, échangeaient des brochures comme ils eussent fait de boulettes de terre glaise. » Ces brochures étaient diversement intitulées : il y en a qui avaient pour titre : Lettres à un partisan du bon goût ; d'autres, Lettres d'un particulier à un de ses amis peintre en province ; d'autres encore, Désaveu d'un aveugle à Messieurs les artistes. Je me souviens d'en avoir vu un qui portait en suscription : Réponse d'un aveugle à Messieurs les critiques. Tous ces ouvrages étaient anonymes. Mais on en vit paraître qui étaient signés. Dès 1757, le poëte Gresset publia des vers sur *Les principaux tableaux dans les amusements du cœur et de l'esprit.* En 1746, dit toujours M. Burty, un homme d'une valeur réelle, instruit, singulier, à projets vastes et pratiques, La Font de Sainte-Yenne imprima des *Réflexions sur quelques causes de l'état de la peinture.* »

Mais c'est, je crois, trop insister sur votre *premièrement.* Passons à votre *deuxièmement.*

Mon *deuxièmement,* me direz-vous, c'est que Diderot comme critique d'art est vraiment original, c'est que toutes les idées qu'il expose dans ses *Salons* sont le résultat de ses réflexions personnelles et qu'il ne les doit à personne.

Voilà, j'espère, une assertion bien catégorique. Malheureusement elle a un petit défaut : c'est qu'elle a été, il y a plus de cent ans, formellement démentie par Diderot lui-même. Diderot, en effet, reconnaît dans ses lettres que ce qu'il y a de bon dans ses *Salons* est emprunté à d'autres. Il avoue par exemple que La Rue (2) lui a fourni des notes précieuses

(1) Burty, *Maîtres et Petits-Maîtres,* p. 375.
(2) Lettre du 8 septembre 1765.

pour son *Salon* de 1765 : « Ses remarques sont bonnes, écrit-il, à Mlle Voland, et je parviens à les déchiffrer. » Un autre collaborateur artistique de Diderot, c'était Naigeon. Voici, en effet, ce qu'on lit dans une lettre de votre « illustre compatriote » en date du 24 septembre 1767 : « J'avais prié Naigeon qui a été dessinateur, peintre, sculpteur, avant que d'être philosophe, d'aller quelques fois au salon pour moi et il me l'avait promis... on vient de me remettre avec votre lettre un billet de lui qui me servira. » Mais c'est surtout aux lumières des artistes que Diderot avait d'ordinaire recours. Falconet était son Mentor le plus écouté : « Nous touchons au moment du *Salon*, lui écrivait-il, (1) en 1768. Qui est-ce qui vous suppléera auprès de moi ? qui est-ce qui me marquera du doigt les beaux endroits ? ah ! si je vous avais à côté de moi comme il y a deux ans ! »

Vous le voyez, Monsieur, les *Salons* de Diderot ne sont rien autre chose que le résumé soit de ses conversations avec les peintres et les sculpteurs de son temps, soit des notes de ses amis. Il n'y a rien mis de lui-même sinon une somme fort respectable d'idées fausses. Cette dernière proposition qui est mon *troisièmement* à moi, vous étonne peut-être, elle est cependant parfaitement exacte et je vais vous le prouver : je vais vous prouver que Diderot n'a été qu'un hérétique de l'art.

Son esthétique, — Gœthe l'a démontré jusqu'à l'évidence dans ses *Propylées* — était doublement hétérodoxe.

Elle était hétérodoxe d'abord parce qu'elle tendait à confondre les limites des arts. Diderot en effet prétendait que l'on devait juger d'un tableau ou d'une statue comme on juge d'une page de littérature, en d'autres termes, comme la finement remar-

(1) Edition Ch. Cournault.

qué M. Nisard (1) « il voulait de la peinture qui racontât et de la statuaire qui peignit. Il refaisait tous ses tableaux sur le patron mélodramatique du *Père de Famille*. L'idéal qu'il poursuivait dans ses spéculations sur les arts, c'était une scène et des acteurs. » Or je ne sais rien de plus faux qu'un pareil principe. Tout le monde convient aujourd'hui que les arts plastiques ont un but et un langage différent du but et du langage de la littérature et que par conséquent on ne saurait exiger de la palette et du ciseau ce qu'on est légitimement en droit d'attendre de la plume.

Nous touchons là, vous le voyez, aux plus hauts problèmes de la philosophie de l'art. Il est plus difficile, j'en conviens, d'organiser deux grands banquets (2) en l'honneur de Diderot que de com-

---

(1) *Histoire de la Littérature française*, t. iv, p. 481.

(2) Notre municipalité, si j'en crois, les programmes de la fête du trois août qui tapissent aujourd'hui en les salissant les murs de Langres, notre municipalité dis-je a pensé que ce ne serait pas trop de deux banquets pour honorer la mémoire de l'écrivain qui fut une des meilleurs fourchettes du camp philosophique au xviii° siècle. Ces deux banquets, se ressembleront en un point, ils seront tous deux *grands*, c'est-à-dire si je sais encore un peu de français, tous deux gargantuesques, ou ce qui revient exactement au même, tout deux diderotiques. Mais il diffèrent pas leur nom.

Le premier dont la ville fera les frais s'appellera banquet *fraternel* : de celui-là je n'ai rien à dire si non que je trouve assez étrange que nos édiles qui se sont déjà permis de prendre neuf beaux mille francs dans la poche des contribuables pour payer le bronze de la statue de Diderot, aient jugé à propos de voter une nouvelle somme, « pour arroser comme me le disait ce matin, un vénérable vieillard, le gosier de leurs frères et amis. » Au train où l'on y va, il n'y a pas de raison pour qu'à la veille des prochaines élections municipales, on n'établisse à Langres, un Prytanée comme il y en avait un autrefois à Sparte, en déclarant que tous ceux qui voteront par exemple pour M. Darbot ou pour M. Naudet, auront le droit d'y être nourris gratuitement pour le reste de leurs jours.

Le second banquet dont parlent les affiches sera offert par la municipalité à son Excellence M. Fallières. Chacun sera libre d'y prendre part moyennant six francs. C'est ce que dans la langue munici-

prendre son esthétique. Mais quelque ardues que soient ces questions, c'est pour moi un devoir de les traiter puisqu'elles sont de mon sujet. Au risque de vous dérouter un peu je continue.

Le second vice de l'esthétique de Diderot c'est le défaut d'idéal. Laissons ici la parole à Henri Martin : « En lisant les *Salons,* dit le vieux druide libre-penseur, on se sent plutôt ébloui par des météores tourbillonnants dans un ciel orageux qu'éclairé et conduit par une lumière sereine : c'est que Diderot est panthéiste dans l'art comme dans la philosophie c'est que *son principe n'est pas l'idéal,* mais la vie sous toutes les formes, sans préférence, sans degré, sans hiérarchie (1). »

pale, on appelle un banquet *patriotique.* Un banquet patriotique ! Ce mot je l'avoue m'a fait rêver ! Je n'aurais jamais cru qu'un jour viendrait en France où l'épithète de patriotique serait accolée à celle de banquet. Autrefois on disait que mourir pour la patrie c'était le sort « le plus beau. » Les républicains ont changé tout cela. Ils estiment que le sort « le plus digne d'envie » c'est de digérer pour la patrie. Ce serait le cas ou jamais de s'écrier comme Cicéron : *O tempora, o mores !*

On me dit que M. Darbot est vivement préoccupé depuis quelques jours des moyens d'orner la salle du banquet. S'il veut que ses décors soient couleur locale, voici ce que je lui propose. Qu'il fasse d'abord écrire en lettres d'or sur une banderolle que l'on collera sur le mur en face du quel sera placé M. Fallières, ces deux vers qui à mon avis résument toute la politique des fricoteurs du ministère :

> Tout se fait en dînant dans le monde où nous sommes,
> Et c'est par des dîners qu'on gouverne les hommes.

Puis, que sur d'autres banderolles appendues de distance en distance le long des autres murailles de la salle, il grave les textes suivants tous extraits de la correspondance de Diderot. « Nous dînons bien et longtemps. » (Lettre du 6 octobre 1759.) — « Je me suis mis à une table somptueuse : j'avais encore l'estomac *chargé* des aliments de la veille : je l'ai *surchargé* de la quantité de ceux que j'ai mangés. » (Lettre du 1er novembre 1759.) — « Nous dînâmes splendidement, gaîement et longtemps » (Lettre du 15 septembre 1760.) — « Vous avez beau me prêcher la sobriété. . je ne m'en corrigerai pas d'avantage. » (Lettre du 25 novembre 1760.) — « Il est impossible d'être sobre. » (Lettre du 6 octobre 1759.)

(1) *Histoire de France,* XVIII. p. 296.

Votre « illustre compatriote » Monsieur, n'avait du beau qu'une idée toute sensible, toute matérielle.

On comprend qu'avec de pareils principes il se soit souvent trompé dans ses appréciations. La critique moderne a réformé la plupart de ses jugements.

Elle a prouvé par exemple qu'il n'avait pas su comprendre Houdon, qu'il avait placé trop haut Falconet et que sur « Greuze il avait obéi au mot d'ordre de son temps, à l'écho de la philosophie de Jean Jacques (1). » Elle lui a reproché aussi de n'avoir pas su distinguer les rangs entre Raphaël et Rubens (2) entre le Guide et Raphaël.

Un seul fait, selon moi, suffit à juger Diderot comme critique d'art : c'est que sa méthode est aujourd'hui universellement abandonnée. Prenez si vous le voulez les uns après les autres tous les grands salonniers de ce siècle, prenez Delescluze, prenez Vitet, prenez Lenormant, prenez Delaborde, prenez Charles Blanc, prenez Paul de St-Victor, prenez Paul Mantz, prenez Charles Clément, prenez Ernest Chesneau, et vous verrez que tous procèdent d'une manière différente de la sienne. Au lieu de se perdre comme lui en considérations dramatiques, historiques ou sentimentales, ils s'occupent avant tout de l'élément plastique, des conditions techniques du métier, des lignes et des couleurs. Leur critique en un mot est sérieuse et savante tandis que celle de Diderot est fantaisiste et... pornographique.

Ce dernier qualificatif vous paraitra peut-être un peu dur. Je le maintiens cependant parce qu'il est rigoureusement vrai.

Non seulement en effet le ton général des *Salons* est celui de la volupté, non seulement l'auteur met une insistance de vieillard corrompu à décrire les inflexions du sein, les mollesses de contours des

(1) Ph. Burty : *Maîtres et Petits maîtres* p. 379.
(2) Henri Martin *loc. cit.* cf. *Salon de* 1765 : LA GRENÉE.

porlraits de femmes qu'il a devant lui, mais il est ordurier dans ses paroles, ce dont il s'excuse — l'excuse ici est mille fois pire que la faute — en disant que l'expression cynique étant la plus simple on ne doit jamais balancer à la préférer (1).

L'indécence de son langage est parfois si grande que Sainte-Beuve s'est plaint quelque part de ne pouvoir lire les *Salons* sans que ses « *sens en soient un peu troublés.* »

Voilà, Monsieur, ce que fut le critique d'art dans Diderot ; s'il a inventé quelque chose en matière d'esthétique, c'est l'esthétique de la polissonnerie.

Je termine ma lettre, Monsieur, sur ce mot de polissonnerie qui est l'aboutissement fatal de toute étude faite à n'importe quel point de vue sur votre « illustre compatriote. »

Venez donc à Langres, Monsieur, venez y apporter le choléra moral qui y sera peut-être hélas ! bientôt suivi du choléra physique, venez y dîner *patriotiquement* avec vos amis, venez y inaugurer la statue du vénérien Diderot.

Le jour de votre arrivée dans nos murs, tous les honnêtes gens de Langres se détourneront de vous avec dégoût en se disant les uns aux autres :

Décidément M. Bizot est descendu fort au-dessous des anciens Egyptiens.

Les anciens Égyptiens prenaient leurs dieux dans leurs jardins : M. Bizot lui va chercher le sien jusque... dans le ruisseau.

L. François.

P. S. Au moment où j'allais fermer ma lettre, la poste me remet un joli petit volume de vers imprimé en caractères elzéviriens sur papier du pays où la République envoie aujourd'hui nos soldats se faire

---

(1) Le *Salon* de 1767 : Baudoin : Le coucher de la Mariée.

égorger (1) et orné d'une couverture d'un rose aussi
tendre pour le moins que celui des doigts de l'Aurore dans Homère.

Je me reprocherais comme un crime de le placer
sur les rayons de ma bibliothèque avant de vous en
avoir dit un mot.

Il est, je crois, grandement de nature à vous inté-
resser.

Il porte la signature d'un de vos amis. Il a pour
auteur M. Tellier, c'est-à-dire ce professeur du collège de Langres qui il y a deux ans, devant un
auditoire composé en grande partie de tout jeunes
enfants a eu l'effronterie de faire de Diderot le scan-
daleux éloge dont il a été question dans ma première lettre.

Quoique chargé de l'enseignement de la rhétorique, M. Tellier a paraît-il des goûts pour la poésie.
L'exemple d'Alfred de Musset l'a tenté. Alfred de
Musset nous avait raconté sa vie dans un ouvrage
intitulé : *Confessions d'un enfant du siècle*. M.
Tellier a voulu lui aussi nous faire sa confession et
il l'a intitulée : *Les Brumes*.

La confession d'un universitaire, par le temps
qui court, doit être quelque chose de fort curieux
à étudier, surtout quand cet universitaire est doublé
d'un disciple de Diderot. Ouvrons donc notre volume.

Comme poëte, ou si vous aimez mieux comme
versificateur, M. Tellier, autant du moins que mes
pauvres yeux de prosateur ont pu s'en rendre
compte, a un réel mérite. Tous ses substantifs sont
coquettement accompagnés de leur épithète : chacun
a sa chacune comme dans une peinture de Watteau.
Ses rimes sont généralement d'une richesse voisine de l'opulence. Ses pensées — quand pensées il
y a — sont d'ordinaire un peu vaporeuses comme il
convient à un homme qui habite les régions éthé-
rées et qui écrit des *Brumes*. Ses vers sont bien

(1) La Chine.

rhytmés, ses strophes suffisamment ailées. Bref sans aller jusqu'à dire que son livre est fait de main d'ouvrier, on doit reconnaître du moins qu'il est fait de la main d'un bon apprenti de notre jeune école Parnassienne.

Mais je m'oublie. Ce n'est pas pour faire acte de critique littéraire que j'ai repris la plume, c'est pour faire acte de moraliste. Laissons donc de côté la forme et voyons le fond.

A la page soixante-deuxième de son livre, M. Tellier nous apprend que « comme chez les âmes bien nées l'amour a devancé chez lui le nombre des années. » Dès l'âge de quinze ans, nous dit-il, j'eus un violent caprice pour une comédienne

> ... dont je suivais sur la grève les pas
> Avec un livre en main que je ne lisais pas.

Enrolé si jeune sous les drapeaux de la déesse de Cythère, le futur professeur du collège de Langres ne pouvait manquer de devenir un illustre conquérant. Il le devint en effet. Si nous voulons nous en convaincre, tournons quelques feuillets de son livre.

A la page seizième, il nous trace ainsi le portrait de je ne sais quelle jeune fille avec laquelle il a fait connaissance au pays de Tendre :

> Moitié frivole et sérieuse,
> Elle a des airs dont nous tremblons.
> Dans la candeur mystérieuse,
> Des yeux bleus et des cheveux blonds.
>
> . . . .
>
> Elle est très grave et point morose,
> Elle est douce, d'un air vainqueur
> Et son visage est une rose
> Dont le parfum est dans son cœur.

Un peu plus loin (p. 17), nous apparaît enguirlandée dans les vers de M. Tellier la figure plus ou moins virginale d'une autre Dulcinée, dont le caractère diffère totalement de celui de la précédente. La précédente, on l'a vu, n'était point « morose, » tandis que celle-ci, au dire du poëte, faisait parfois « la moue. »

> Elle fait mon âme charmée :
> Mon cœur vers elle est entraîné
> Amanda — devant être aimée
> C'était un nom prédestiné !

Ailleurs enfin — car il faut bien finir et je ne voudrais pas abuser des citations — ailleurs enfin M. Tellier invite une personne qu'il ne désigne pas autrement que par le nom de « ma belle » à quitter avec lui l'Europe « morne » et à s'enfuir vers la Chine « aux cieux féériques. »
Je porterai des robes roses, lui dit-il pour l'allécher,

> Et tu mettras des habits verts.
> Moi mandarin, toi mandarine
> Nous irons souriant un peu
> Un soleil d'or sur la poitrine
> Et dans le dos un dragon bleu.

Tel est, Monsieur, le premier point de la confession de M. Tellier. Ce bon professeur, vous le voyez, tire les conséquences de ses principes.

Il ne se borne pas à admirer Diderot, il a comme lui ses Mimi Pinson, qu'il aime — ce sont ses expressions — le plus souvent comme des sœurs, mais *parfois aussi comme des femmes.*

En d'autres termes, il est excellent logicien. Sa place comme professeur serait donc plutôt en philosophie qu'en rhétorique. Je vous engage à l'y faire nommer, ne serait-ce que pour cette raison que n'ayant qu'un élève (1), il aurait plus de temps pour cultiver la poésie anacréontique.

Mais trève de plaisanteries. Continuons, *les Brumes* en main, à faire l'autopsie de l'âme de M. Tellier.

---

(1) La classe de philosophie qui coûte au moins annuellement de deux à trois mille francs à l'État se compose cette année si je suis bien renseigné... juste d'un élève.

L'amour, si j'en crois les romanciers, amène parfois avec lui des déboires.

M. Tellier nous avoue que tout n'est pas rose dans son métier d'amant et qu'il a souvent des peines de cœur. Mais savez-vous quel remède il emploie pour s'en guérir ? Un remède de poète, le même remède dont a fini par mourir Alfred de Musset. Ecoutez. Voici ce qu'on lit à la page soixante-douzième des *Brumes :*

> Le soir vient qui ramène l'absinthe
> Aux cœurs brisés, l'absinthe est de saison,
> Frères, buvons ! J'aime que la nuit sainte
> *Couvre à la fois la ville et ma raison !*
>
> Et je souris d'un air de bonhomie
> *Me DEGRADANT sans un regret au cœur,*
> Car au tombeau tout âme est endormie
> Et rien n'est vrai que le néant vainqueur !

Ces vers sont jolis, n'est-ce pas Monsieur le député. Je craindrais de les déflorer en y ajoutant une réflexion quelconque. Je me borne à vous poser une question : quelle classe peut bien faire à ses élèves M. Tellier le lendemain des jours où la nuit sainte a couvert à la fois

> ... la ville et sa raison ?

Leur lit-il son sonnet sur *Amanda ?* Je n'ose l'affirmer ; mais comme diraient les Italiens : *Chi lo sa.*

Arrivons au troisième et dernier chapitre de la confession du panégyriste de Diderot, le chapitre des doctrines.

M. Tellier, je n'ai pas besoin de vous le dire, Monsieur, ne croit absolument à rien :

> Je ne suis pas sûr de mon âme,

dit-il quelque part,

> Et je ne crois guère à mon corps.

Ailleurs il écrit qu'après la tombe il ne demande

> Plus rien aux dieux.

Plus loin il se plaint ironiquement d'avoir perdu son âme et de ne pouvoir plus la trouver et, s'adressant à ses lecteurs, il leur dit sur un ton qui veut être goguenard et qui n'est que grotesque :

> Cherchez la bien sur la montagne,
> Cherchez la bien dans les sillons.

Plus loin enfin il se définit ainsi lui même :

> Mon cœur reste hideux des festins des Harpyes
> S'en va comme un chien mort au gré des flot mouvants
> Et mon âme est ouverte aux pa sions impies
> Comme un logis sans porte ouvert à tous les vents.

Voici le bouquet. Voici en quels termes, à la page quarante-troisième de son recueil, M. Tellier a la sacrilège audace d'interpeller Dieu :

> Nous sommes tous la même cendre
> C'est à nous à le pardonner,
> Hélas ! tu ne peux rien m'apprendre
> Et tu n'as rien à m'ordonner.

Ne croirait-on pas, en lisant ce quatrain, avoir sous les yeux une strophe du livre monstrueux publié naguère par Jean Richepin sous le titre de : *Mes blasphèmes?* Ne croirait-on pas plutôt entendre quelque chose comme un refrain des couplets sataniques que d'après les poètes les damnés hurlent perpétuellement dans les enfers ?

Et dire que l'homme qui a osé écrire ces lignes est actuellement un des maîtres de la jeunesse française ! (1) Et dire que pour fournir à cet homme le moyen de se « *dégrader sans un regret au cœur,* » notre conseil municipal prend chaque année dans ma poche et dans celle des autres Jacques Bonhomme les contribuables de Langres, une somme ronde

---

(1) J'apprends à l'instant même que M. Tellier a quitté le collège et qu'il n'est plus à Langres. Tant mieux pour Langres et tant mieux pour le collège ?

d'au moins deux mille francs ! Et dire enfin qu'il y a encore des parents qui s'obstinent à confier leurs enfants à une maison où se rencontrent des admirateurs et des imitateurs de Diderot comme M. Tellier.

Imprudents va !

L. F.

LANGRES, TYP. RALLET-BIDEAUD

SIXIÈME

A M. BIZOT DE FONTENY

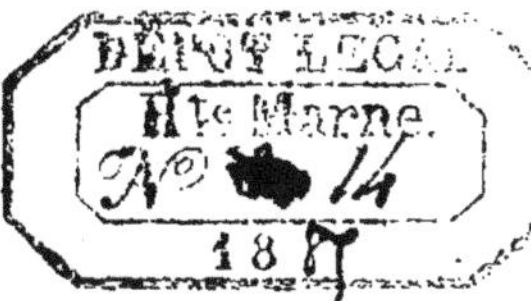

———

Langres, ce 25 juillet 1884.

Monsieur,

N mot de réponse au *Spectateur* avant de commencer cette lettre.

Voilà déjà deux fois que le grand journal (1) de la démocratie langroise me fait l'honneur non pas certes de me répondre, — il paraît que la chose n'est pas facile, — mais du moins de m'injurier. Il est temps que je règle mes comptes avec lui.

(1) Soixante centimètres de long sur quarante-deux centimètres de large.

6e LIVR.   1

Dans son numéro du 20 juillet, M. Delécolle m'accuse d'avoir menti, d'avoir menti comme... un simple Ferry, en affirmant que la Société de gymnastique de Langres était une *société semi-maçonnique* (1) et il ajoute qu'il voit dans mon mensonge une preuve de ma *niaiserie*.

L'accusation, on le voit, est grave. Mais est-elle fondée ?

Est-il bien vrai d'abord que je sois un menteur et que j'aie calomnié la Société de gymnastique en lui donnant pour mère la franc-maçonnerie ? Laissons la franc-maçonnerie elle-même nous répondre. Le 10 mars dernier, la L∴ *Alsace-Lorraine* (2) adressait à tous ses adeptes une circulaire signée des F∴ Jean Macé, Dusacq, Mamelle, Thulié, Dreyfus et Cie, dans laquelle on lit ce qui suit : « Le 30 juin 1882 (3), la L∴ Alsace-Lorraine conviait toutes les Loges de l'obédience du Gr∴ Or∴ de France à donner leur concours moral et financier à l'œuvre du développement de l'*éducation civique et militaire de la jeunesse française* entreprise par la Ligue de l'enseignement. Elle savait que la franc-maçonnerie tiendrait à honneur de s'associer activement à une campagne qui a pour but (4) de perfectionner (?) les jeunes gens de quatorze à vingt ans dans les exercices gymnastiques... Ses espérances n'ont pas été déçues : de nombreuses offrandes, en tête desquelles figure celle du G∴ O∴ de France, ont été bientôt versées. Des Sociétés nombreuses sont déjà fondées ou en voie de formation dans les

(1) Voir plus haut, p. 59.

(2) Voir le journal maçonnique la *Chaîne d'Union*, n°, d'avril 1884.

(3) C'est en 1883, si je ne m'abuse, que la *Langroise* est sortie tout armée du cerveau maçonnique de M. Buinet comme jadis Minerve du cerveau de Jupiter. — Les dates sont ici éloquentes.

(4) Lisez, pour but *apparent* : le but réel, c'est d'embrigader sans qu'elle sans doute la jeunesse française sous les drapeaux de la secte.

départements du Nord, de l'*Est*, de la Franche-Comté, de la *Champagne*, de la Bourgogne... De nombeux atel∴ se sont associés au mouvement et révélés comme les patrons de l'œuvre... C'est donc à la franc-maçonnerie que revient l'honneur d'une grande partie de ce succès...... La L∴ *Alsace-Lorraine* a compris qu'avec d'aussi vaillants pionniers il y avait encore mieux à faire. Elle a donc résolu de constituer dans toute la franc-maçonnerie, sans distinction de rite ni d'obédience, un comité de propagande qui pousserait à la création des Sociétés locales de TIR (1) et de gymnastique pour les jeunes gens de 14 à 20 ans. Le conseil de l'ordre du G∴ O∴ de France a applaudi : de leur côté, les autres puissances maçonniques ont adhéré avec empressement à cette proposition... »

De ce texte, selon moi, il résulte clair comme le jour ou si vous aimez mieux clair comme les gaspillages financiers de nos édiles, que toutes les Sociétés de gymnastique, sans aucune exception, sont les filles légitimes ou pour parler plus exactement, car il ne saurait rien y avoir de légitime dans la franc-maçonnerie, les filles naturelles des Loges.

Ce sont les Loges qui les « *créent.* » Ce sont les Loges qui les « *sustentent* » de leurs « *nombreuses offrandes* (2). » Ce sont les Loges qui les « *patronnent.* » Bien souvent aussi ce sont des membres des Loges qui les dirigent.

---

(1) Je souligne ce mot à dessein. En dehors de la Société de gymnastique, il y a à Langres une Société de tir établi depuis peu et à laquelle, si je suis bien renseigné, ont adhéré plusieurs conservateurs. Il est bon que ces conservateurs sachent qu'ils font le jeu de la franc-maçonnerie.

(2) La Société de gymnastique de Langres, en dehors de l'argent que lui envoie le Grand-Orient, reçoit encore une subvention annuelle de QUATRE CENTS FRANCS de notre municipalité.

Quatre cents francs! pour fournir à MM. Carton et Legendre les moyens de faire les capitaines Fracasse dans les rues de notre ville. Il faut avouer que c'est un peu cher! Oui, c'est cher, plus cher pour la poche des contribuables que cher à leur cœur.

Je n'ai donc pas, vous le voyez, calomnié la Société de gymnastique de Langres en l'appelant « semi-maçonnique. » Si cette Société est en droit en ce moment de me reprocher quelque chose, c'est plutôt d'être resté en deçà de la vérité en parlant d'elle, que d'être allé au-delà. Je l'ai qualifiée de « semi-maçonnique; » pour être complètement vrai, c'est « maçonnique » que j'aurais dû dire.

Quoiqu'il en soit, une chose reste démontrée, c'est que je ne suis point un *menteur*.

Suis-je du moins un *niais*, ainsi que l'affirme le *galantuomo* du *Spectateur*? Il me semble que non. Si je ne craignais d'être accusé d'impolitesse, je dirais même que s'il y a eu *niaiserie* dans cette affaire, ce n'est pas de mon côté qu'il faut la chercher, mais bien plutôt du côté des membres de la Société de gymnastique. Qu'est-ce en effet qu'un niais? Si j'en crois mon dictionnaire, le mot niais se disait primitivement d'un oiseau de proie qui s'était laissé prendre dans son nid. Or, que me reprochent en ce moment MM. les gymnastes? C'est précisément de les avoir *faits niais,* c'est-à-dire de les avoir pris dans le nid, ou pour mieux dire, dans la loge maçonnique où ils se cachaient.

Voilà la première réponse qu'après six semaines de recherches le *Spectateur* a trouvé à faire à mes Lettres. Venons-en à la seconde.

La seconde qui, j'aime à le croire ne sera pas la dernière, est toute fraîche. Elle date d'aujourd'hui même et elle m'arrive de Chatenay-Macheron en France.

MM. les conseillers municipaux de Chatenay-Macheron en France, me font assavoir trois choses.

« D'abord, me disent-ils, vous n'êtes rien autre chose qu'un cuistre. »

Cuistre ! voilà une qualification qui sent son Delécolle d'une lieue. Les braves gens qui me l'appliquent l'auront sans doute trouvée pour la première fois dans le *Spectateur* et ils auront cru qu'il n'y avait qu'à me l'adresser pour m'assommer raide.

Quoiqu'il en soit je les remercie de leur attention et comme après tout une politesse en vaut une autre, ne voulant pas être en reste avec eux, je me permets de leur réexpédier leur épithète avec l'apostille que mettent d'ordinaire sur la bande de leur journal ceux qui se désabonnent : Refusé : retour à l'envoyeur.

« Vous nous avez calomniés poursuivent les édiles de Chatenay-Macheron en affirmant que nous n'avions donné que dix francs pour la statue de Diderot (1). La vérité est que nous avons souscrit pour trente francs. »

Va pour trente francs puisque trente francs, il y a ; seulement je ferai remarquer aux conseillers de Chatenay-Mâcheron que leur rectification est un chef d'œuvre de maladresse. Leurs administrés leur reprochaient déjà et avec raison d'avoir voté dix francs pour la célébration d'un athée, alors que les chemins vicinaux de leur commune étaient en mauvais état. Que vont-ils dire lorsqu'ils sauront jusqu'à quel point on gaspille leurs finances ?

Le dernier grief des municipaux de Châtenay contre moi est celui-ci : « Vous nous avez, me disent-ils, tournés en ridicule. »

Vous tourner en ridicule, mes braves gens, mais je n'y ai jamais songé ! si j'étais méchant je dirais que vous vous chargez vous-mêmes de ce soin et que vous y suffisez largement. Mais non, je veux me montrer aussi gracieux envers vous que vous l'avez été peu envers moi, et je déclare solennellement que lorsque vous siégez tous les dix à l'hôtel de ville de Châtenay, vous avez de l'esprit... comme quatre.

Ces petites querelles de ménage vidées, je continue à réfuter par avance les mensonges, soit ministériels, soit municipaux, qui le trois août prochain seront débités sur la place Chambeau en l'honneur de Diderot.

Je vous ai prouvé dans ma dernière lettre que

(1) Voir plus haut p. 76.

comme critique d'art, votre « illustre compatriote »
ne méritait pas de statue.

Mais, me direz-vous peut-être, s'il n'en mérite
point comme critique d'art, il en mérite une du
moins comme auteur dramatique. Il a enrichi le ré-
pertoire de notre théâtre de *plusieurs chefs d'œuvre*.

Plusieurs chefs d'œuvre, Monsieur, c'est peut-
être beaucoup dire. Examinons un peu. Diderot
nous a laissé sept comédies : *le Fils naturel, le Père
de famille, le Shérif, Est-il bon, est-il méchant,
Le train du monde, les Pères malheureux et le Joueur*.
Laquelle de ces comédies à votre avis est un chef-
d'œuvre ?

Est-ce le *Joueur* ? mais le *Joueur* n'est qu'une
fade traduction d'une pièce anglaise, le *Gamester* de
Moore.

Sont-ce les *Pères malheureux* ? Mais dit M.
Caro (1) les *Pères malheureux* « ne sont qu'une
fade imitation de l'*Eraste* de Gessner. »

Est-ce le *Train du monde* ? Mais le *Train du
monde* au jugement du même M. Caro (2) « est un
imbroglio vraiment absurde, dont le sujet peut à
peine s'indiquer et où tout roule autour d'un certain
petit chevalier fort équivoque, auprès duquel s'agite
avec des confusions étranges la rivalité répugnante
des maris et des femmes. »

Est-ce : *Est il bon est-il méchant* ? Mais cette
comédie vous le savez n'est qu'une suite de scènes
qui se déroulent sans autre lien que la fantaisie de
l'auteur (3). « Dans ces dernières années, deux
écrivains d'un mérite inégal — l'un poëte, mais un
peu visionnaire, qui voyait des beautés là où il n'y
en avait pas, et l'autre doué d'une sympathie natu-

---

(1) *Revue des Deux-Mondes*, n° du 1er décembre 1879, p.
576.

(2) *Loc. cit.*, p. 577.

(3) Voir la judicieuse et spirituelle critique qui en a été faite
tout récemment dans la *Revue des Deux-Mondes*, n° du 15 juillet 1884.

relle pour toutes les platitudes (1). » Baudelaire et
M. Champfleury, ont il est vrai, demandé à plusieurs théâtres de la jouer, assurant qu'à leurs yeux
elle n'était rien moins que sublime. Mais toute les
Directions auxquelles ils se sont adressé ont refusé
net, donnant pour motif que sa représentation n'obtiendrait qu'un succès... de baillement universel.

Est-il bon, est-il méchant n'est donc pas le chef-
d'œuvre que nous cherchons. Mais alors, je le demande de nouveau, ce chef-d'œuvre quel est-il ?

Est-ce le *Shérif ?* mais le *Shérif* n'est pas terminé;
il ne nous est parvenu qu'à l'état d'esquisse et le peu
que nous en avons est tout ce qu'il y a de plus
fastidieux (2).

C'est peut-être le *Père de famille*, alors ? Encore
bien moins. Le *Père de famille* d'abord, je vous
l'ai déjà dit, n'est qu'une traduction de Goldoni ; ensuite de l'avis de tous les critiques il est mortelle-
ment ennuyeux. « Je ne sache pas, a dit de lui La
Harpe, je ne sache pas de pièces aussi peu suivies (3). » Quiconque, poursuit M. Nisard, voudra
payer de l'ennui de le lire le droit de le juger, en fera
le même cas que ces seigneurs de la cour de Naples
qui se permirent de bailler à sa représentation pendant que leur roi fondait en larmes (4). » Il n'y
aucune action dans cette pièce, tout s'y passe en
tirades ou en pantomimes : chacun disserte à son
tour : on se tait avec émotion, on soupire, on soupire
surtout. C'est une suite d'exclamations, d'invocations,
de lamentations. M. d'Orbesson pleure, St-Albin
pleure, Sophie pleure, Cécile pleure, tous les personnages pleurent sans qu'ils sachent et sans qu'on
sache pourquoi. Bref il y a autant de différence

(1) Barbey d'Aurevilly : *Gœthe et Diderot*, p. 187.
2) Voir l'analyse qu'en a donnée M. Caro, *Revue des Deux-
Mondes, loc. cit.*, p. 574-75.
(3) *Curso de Littérature*. t. XIII.
(4) *Histoire de la littérature française*, t. IV, p. 242.

entre le *Père de famille* et un chef-d'œuvre qu'entre
certain député que vous connaissez bien et... un habitué de la tribune législative.

Des sept morceaux dont nous avons dit que se
composait le bagage dramatique de Diderot, il ne
nous reste plus à examiner que le *Fils naturel*. Ce
drame du moins porte-t-il l'empreinte du génie ?
Les philosophes du xviii siècle l'ont prétendu, mais
les philosophes du xviii siècle, vous le savez,
étaient comme les francs-maçons de notre époque
ils avaient formé entre eux une sorte de société...
d'admiration mutuelle. Le public qui n'avait pas
les mêmes raisons qu'eux d'admirer tout ce qui sor-
tait de la plume de Diderot a cassé leur arrêt. Le
Fils naturel a été représenté deux fois et les deux
fois il a été sifflé, les deux fois les spectateurs ont
quitté le théâtre répétant le joli mot de Collé : « Ah
qu'il est peu naturel ce *Fils naturel* (1). »

Vous le voyez, Monsieur, quand vous affirmiez
tout à l'heure que Diderot avait doté notre théâtre
de plusieurs chefs-d'œuvre, vous « chevauchiez »
comme dirait M. Ferry (2) dans ce style abracada-
brant qui lui est habituel, vous « chevauchiez, » dis-
je, une erreur. La vérité est que votre « illustre
compatriote » n'a pas laissé une seule pièce qui
supporte soit la lecture soit la représentation : la
vérité est encore que selon le mot de M. Caro (3) il
avait « la tête la moins dramatique du monde » car
au lieu de se transformer dans ses personnages il
les transformait en lui-même et leur prêtait ses
goûts, ses pensées et ses qualités, celles du
moins qu'il s'imaginait avoir : la vérité est enfin
qu'il a exercé sur notre littérature dramatique une
désastreuse influence. Le *Père de famille*, dit un

(1) Cité par M. Caro *Revue des Deux-Mondes* n° du 1er décembre 1879 p. 580.
(2) Voir le *Journal officiel* du 27 juillet 1884.
(3) *Revue des Deux-Mondes* n° du 1er décembre 1879 p. 580.

spirituel critique, M. Génin (1), « a été le père d'une famille déplorable, » je veux parler du *Philosophe sans le savoir* de Sedaine, du *Déserteur* de Mercier, du *Comte de Comminges* de Baculard, de la *Mère coupable*, des *Deux amis* et de l'*Eugénie* de Beaumarchais, en un mot de toutes ces comédies larmoyantes que Napoléon à baptisées un jour du nom de « tragédies des femmes de chambre. » Non content en d'autres termes d'avoir échoué au théâtre, votre « illustre compatriote » a pour ainsi parler fait échouer le théâtre lui-même.

Mais, me direz-vous peut-être, si Diderot en matière dramatique a été mauvais praticien, il faut du moins reconnaître qu'il a été bon théoricien. Sur ce terrain du moins il s'est montré vraiment initiateur. C'est lui, vous le savez, qui a créé ce qu'on appelle aujourd'hui le drame bourgeois.

Je suis fâché d'avoir à vous contredire, Monsieur, mais ce que vous affirmez-là est complètement inexact. Le drame bourgeois ou comme on disait au XVIIIe siècle la comédie sérieuse, la tragédie domestique, existait bien avant Diderot. M. Tellier, je le sais, a soutenu le contraire dans son discours de 1882, mais comme vous allez le voir, M. Tellier a eu tort.

Quest-ce en effet que le drame bourgeois ?

Si je n'ai pas oublié ce qui m'a été enseigné pendant mes humanités, c'est un genre de composition dramatique qui diffère de la comédie et de la tragédie classiques, en ce que premièrement il est écrit en prose au lieu de l'être en vers, en ce que deuxièmement il réunit dans un même spectacle les caractères du comique et ceux du tragique, et en ce que troisièmement il prend ses personnages non pas seulement dans les rangs de la noblesse mais indifféremment dans tous les rangs de la société.

(1) *Notice* en tête des *Œuvres choisies* de Diderot et *Nouvelle Biographie générale* art. Diderot.

Cela étant, quelle est d'après vous la part d'invention qui revient à votre « illustre compatriote » dans la formation du drame bourgeois.

Est-ce lui qui le premier a imaginé de faire parler ses héros autrement qu'en vers? Assurément non. Personne n'ignore en effet que l'*Avare* de Molière, le *Turcaret* de Lesage, les *Mœurs du temps* de Saurin, les *Fausses confidences,* le *Legs,* l'*Epreuve* de Marivaux, et cent autres pièces que je pourrais citer et qui toutes sont chronologiquement antérieures à la publication du *Fils naturel* de Diderot, ont été écrites dans la langue que M. Jourdan parlait sans le savoir, c'est-à-dire en prose.

Est-ce Diderot du moins qui le premier a eu l'idée de faire succéder dans ses pièces les larmes au rire et le comique au tragique? Impossible de le soutenir. Tout le monde, sait en effet, que bien avant Diderot les Grecs avaient inventé le drame satyrique et Rhinton de Tarente l'hilaro-tragédie où le sérieux se mêlait au bouffon. Tout le monde sait aussi que le *Don Sanche,* le *Nicomède* et même le *Cid* de Corneille ainsi du reste que le *Saint Genest* de Rotrou et le *Don Juan* de Molière, ne sont rien autre chose que des tragi-comédies. Tout le monde sait enfin que si quelqu'un au XVIIIe siècle peut revendiquer le titre de père du drame bourgeois, ce quelqu'un ce n'est pas votre « illustre compatriote » mais bien La Chaussée qui dès l'année 1735, vingt deux ans ans par conséquent avant l'apparition du *Fils naturel* fit représenter les *Préjugés à la mode,* pièce moitié plaisante et moitié sérieuse dont les héros sont pris dans la vie commune.

Mais, me direz-vous peut-être encore — et c'est je crois la dernière objection que vous puissiez me faire — si Diderot n'a pas inventé les règles du drame bourgeois, un fait du moins est certain c'est qu'il les a réformées.

Réformées, Monsieur, est une expression inexacte: pour être dans le vrai c'est déformées que vous auriez dû dire. Les théories dramatiques en effet que

Diderot a émises dans son *Paradoxe sur le comédien*, de l'aveu de tous les critiques, Lessing, l'auteur
de la *Dramaturgie de Hambourg* excepté, sont tout
ce qu'il y a au monde de plus absurde. Je pourrais
vous le démontrer : mais je serais obligé pour cela
d'entrer dans des détails techniques que vous auriez
peut-être quelque peine à comprendre (1). Il y a du
reste assez longtemps que je fais comme Diderot,
c'est-à-dire que j'assomme mes lecteurs ! Je conclus.

Ma conclusion, Monsieur, vous devinez quelle elle
est. Pour lui donner plus d'autorité je l'emprunterai
à deux de vos confrères de la libre pensée.

« Diderot, écrit M. Sainte Beuve, n'est rien moins
qu'un poète dramatique (2). »

« Diderot, dit de son côté M. Henri Martin, (3)
n'est pas reconnaissable au théâtre, son pathétique
y tourne en emphase, ses moralités en pédantisme,
son naturel en puérilité. »

Traduction libre : Diderot considéré comme
auteur dramatique ne mérite aucunement la statue
que vous allez lui élever. C. Q. F. D.

Une petite anecdote, Monsieur, avant de finir. J'ai
commencé ma lettre en vous parlant franc-maçonnerie, je veux la terminer de même.

Le quatre juillet dernier, fête de l'Indépendance
américaine, il y avait grande réception chez M. Mor-
ton, ambassadeur des Etats-Unis, à Paris. Plusieurs
politiciens haut-marnais de votre connaissance y
furent invités.

L'un d'eux abordant au milieu de la soirée un très
riche capitaliste américain de passage dans notre
capitale : Milord, lui dit-il, je sais que vous êtes un
des hauts dignitaires de la Loge ∴ O ∴ Q ∴ K ∴
P ∴ T ∴ (4) et que vous portez un vif intérêt à

(1) Voir : Caro : *Revue des Deux-Mondes* n° du 1er décembre
1879 p. 568 et seqq.
(2) *Causeries du Lundi* t. iii p. 232.
(3) *Histoire de France* t. xviii p. 292.
(4) *Occult Queer Kansas Pioners Temple* c'est-à-dire; **Temple**
secret paisible des Pionniers du Kansas.

toutes les œuvres maçonniques. C'est ce qui m'enhardit à venir vous demander votre souscription pour la statue de Fr∴ Diderot dont l'érection doit avoir lieu à Langres, le 3 août prochain.

Monsieur, répondit le yankee millionnaire en ébauchant un malicieux sourire, je suis en effet franc-maçon, mais vous devez le savoir, les francmaçons d'Amérique ne ressemblent en rien à ceux de France. Ils croient en Dieu et quand par hasard le suffrage populaire les a portés au pouvoir, ils ne se servent pas du pouvoir pour tyranniser leurs concitoyens. Quoiqu'il en soit, je suis prêt à vous donner cent dollars (1) pour la statue de votre compatriote, mais c'est à une condition. C'est à la condition que l'on inscrira sur le piédestal, ces paroles qui, au jugement de tous les gens sensés d'Amérique et d'ailleurs, résument admirablement toute la vie de Diderot :

> The philosopher did *deny*
> The Blackquard *did rot.*

« Le philosophe nia, le polisson corrompit. »

L. François.

P. S. Trente juillet midi. Un vieux poète que vous citez quelques fois après boire (voir le *Spectateur* du 6 mai 1879) Horace, puisqu'il faut l'appeler par son nom, a dit quelque part en latin que la fortune avait parfois des retours soudains : *habet fortuna regressus.* C'est là une grande vérité dont vos bons amis du conseil municipal de Langres

(1) 540 francs.

viennent après beaucoup d'autres de faire la cruelle expérience.

Dimanche dernier, ils étaient tout à la joie. Il y avait bien il est vrai un petit nuage noir dans leur ciel bleu. Ce petit nuage c'était la lettre envoyée trois jours auparavant par *not'Leïon* à la *Gazette des Travailleurs,* lettre dans laquelle « *l'Oison du Bassigny* » traitait tous les conseillers ses collègues de « fabricants de cuirs (1). » Mais entre républicains on se pardonne bien des choses. Nos édiles avaient amnistié l'enfant terrible qui s'était ainsi permis de leur dire la vérité en face et la blessure faite à leur amour-propre se cicatrisait d'heure en heure. C'était à qui parmi eux ferait les rêves les plus dorés. M. Darbot rêvait de la croix de chevalier de la légion d'honneur. M. Jeanninel rêvait du Poireau de l'Ordre agricole que devaient, pensait-il, lui mériter les plantes exotiques et autres dont il ornerait le jour du Centenaire et le salon de la mairie et l'estrade ministérielle. M. Renty rêvait des bouteilles de son apéritif que pourraient lui acheter les banqueteurs du 3 août. M. Legendre rêvait des palmes d'officier d'académie que lui remettrait, espérait-il, le ministre de l'Instruction publique comme récompense du zèle maçonnique qu'il déploie depuis plus de deux mois pour préparer la fête de l'athée Diderot. M. Monssu rêvait de la colossale commande de saucissons que la mairie avait faite la veille chez un charcutier suisse pour régaler les TROIS CENT CINQUANTE musiciens ou gymnastes qui doivent prendre part au « *Grand banquet fraternel* » annoncé par le *Spectateur...* Je n'en finirais pas si je voulais seulement énumérer tous les Eldorados que rêvaient ainsi à qui mieux mieux nos bons municipaux.

(1) Voir la *Gazette des Travailleurs* du 23 juillet. Lire aussi dans *l'Union de la Haute-Marne* une lettre on ne peut plus spirituelle portant cette suscription : à M. Léon Mougeot avocat à Langres et publiciste à Chaumont et se terminant par ces mots : Pour copie non conforme : la mère : Sévère Maijust, dans laquelle le volatil collaborateur de M. Roret est admirablement déplumé.

Ces bons municipaux hélas ! avaient compté sans leur hôte, et leur hôte en cette circonstance c'était Son Excellence M. le ministre de l'Instruction publique.

Dans la soirée de lundi arriva à Langres à l'adresse de M. Darbot une dépêche ainsi conçue :

« *Obligé de présider lundi 4 août à midi distribution des prix du Concours général. Impossible venir à Langres le trois. Remettez fête au dimanche dix courant.* »

Signé : Fallières.

Au reçu de cette dépêche. M. Darbot qui s'il n'est pas né langrois est du moins né malin, se fit à lui-même, mais en moins de temps qu'il ne m'en faut pour l'exprimer, ce judicieux raisonnement : « Si le ministre ne vient pas, je ne serai pas décoré, si je ne suis pas décoré, la fête aura manqué son but. Conclusion pratique : il faut accéder aux désirs du ministre et renvoyer la fête à huitaine. »

Ce disant, M. Darbot s'en fut consulter M. le percepteur Legendre qui, paraît-il, est son mentor politique.

M. Legendre, on devine pourquoi, épousa très chaudement les idées de M. le maire, et d'un bond courut chez les restaurants décommander les banquets patriotiques et fraternels du 3 août, puis d'un autre bond *recourut* au *Spectateur* pour faire imprimer des affiches de fête démentant les premières.

Tout allait bien jusque là. Malheureusement M. Darbot avait omis une toute petite formalité : il avait, comment dirais-je, il avait *oublié* de prévenir le conseil municipal. L'oubli était pardonnable. Quand on est à la veille d'être décoré on a bien des émotions et partant on est exposé à subir des éclipses de mémoire.

Mais notre conseil municipal quoique composé en grande partie d'opportunistes est, paraît-il, intransigeant lorsqu'il s'agit de ses droits. Furieux de voir qu'on avait tout décidé sans le consulter, il somma le maire d'avoir à le réunir sur le champ. M. Darbot dut s'exécuter.

La séance eut lieu de neuf heures à dix heures du soir. Tout naturellement elle fut secrète et aucun profane conservateur ne fut admis à y assister. Mais comme dit le proverbe : les murs ont des oreilles et même par fois des bouches. Si j'en crois ceux qui ont entendu causer les murs de notre hôtel de ville, voici ce qui s'y serait passé.

M. Carton aurait commencé par interpeller M. Darbot. « Monsieur, lui aurait-il dit dans ce style châtié dont il a le secret et que depuis environ trois semaines toute la ville de Langres admire, Monsieur, *y a des maires qu'ont* des procédés singulièrement autoritaires, et la preuve *qu'y en a* c'est que vous êtes de ceux-là. » Après cette véhémente apostrophe qui rappelait à s'y tromper : le *quo usque tandem* par lequel Cicéron, il y a plus de dix-huit siècles, foudroya Catilina, l'ex-bijoutier en faux, exposa au conseil les raisons de toute sorte qui d'après lui, rendaient nécessaire la célébration du Centenaire à la date primitivement fixée.

M. Darbot subit, paraît-il, sans mot dire, la mercuriale de M. Carton. Seulement un de ses voisins affirme l'avoir entendu murmurer, en regardant le petit ruban rouge de M. Naudet : Il s'en moque, lui. il est décoré !

L'assemblée devenait houleuse. M. Desclère se chargea de la faire rire et par là même de la désarmer : « Messieurs, s'écria-t-il, M. le maire a eu tort mais son tort n'est pas là où vous le mettez. Son tort, n'est pas d'avoir omis de nous consulter. Mais c'est d'avoir cru M. Fallières quand celui-ci lui a promis de venir présider le Centenaire. Si au lieu d'être vétérinaire il était comme moi professeur du col-lège, il aurait su que Fallières vient du vieux mot latin *fallier*, infinitif aujourd'hui inusité du verbe *fallo* qui signifie tromper et partant qu'un homme qui s'appelle Fallières ne peut faire autrement que de manquer à ses promesses.

M. Darbot l'œil morne et la tête baissée écouta dit-on, bouche close cette petite leçon d'étymologie : Seulement au mouvement de ses lèvres on put comprendre qu'il se disait intérieurement ces paroles : « Chevalier de la légion... »

Cependant la discussion continuait. On entendit successivement M. Jeanninel, qui désireux de sauver ses chances à la décoration du Poireau agricole parla tout naturellement dans le sens de M. Darbot ; puis M. Naudet qui déclara que n'ayant pas trouvé dans le volume à six sous d'Albert Collignon les documents dont il avait besoin pour son panégyrique de Diderot, il était aussi d'avis qu'on renvoyât la fête au dix août; enfin M. Mougeot, « l'homme qui n'y va pas par quatre chemins (1). » Le jeune avocat, on le devine, fut très dur pour le ministre de l'instruction publique. Peu s'en fallut, dit-on, qu'il n'appliquât à M. Fallières l'épithète académique dont il a, paraît-il, l'habitude de décorer ses contradicteurs, peu s'en fallut qu'il ne l'appelât « idiot et grande bête (2). » *(Ici, raconte un conseiller, M. Darbot acheva la phrase qu'il avait commencée tout à l'heure : légion d'honneur, dit-il en gémissant.)*

On allait procéder au vote quand un conseiller dont personne à Langres n'a pu me dire le nom se leva, et fit ce que d'après Victor Hugo (3) avait fait Cambronne sur le champ de bataille de Waterloo, il « déposa du sublime dans l'histoire ». A la pensée du vilain tour que venait de jouer M. Fallières au conseil municipal de Langres « de l'écume lui monta à la bouche, pour parler comme le poète, et cette écume c'était un mot, et ce mot c'était le mot. »

(1) Voir l'*Avenir de la Haute-Marne* du 30 juillet.
(2) Voir encore l'*Avenir de la Haute-Marne* du 30 juillet.
(3) *Misérables :* Deuxième partie. Livre 1, ch. 15.

Oui, c'était le mot, le mot bien senti qui après Cambronne a immortalisé deux de nos députés : MM. Margue et Tony-Révillon.

A ce moment les bras, dit-on, tombèrent à M. le maire de Langres, et un de nos conseillers qui passe généralement pour doué du don de seconde ouïe déclare l'avoir surpris soupirant sur le ton du découragement : Décidément je ne serai jamais chevalier.

Cependant la séance touchait à sa fin, la parole si concise mais en même temps si laconique du glorieux anonyme de notre conseil avait fait son effet.

M. Darbot mis en demeure ou bien de se démettre ou bien de se soumettre, choisit ce dernier parti et le lendemain fit publier dans toutes les rues de notre ville l'avis suivant destiné à rassurer les partisans de la fête de l'athéisme et de la polissonnerie.

« Le Maire de Langres a l'honneur d'informer ses concitoyens que, contrairement aux bruits qui ont circulé en ville, la fête de l'inauguration de la statue de Diderot aura lieu le dimanche *3 août*, comme cela avait été précédemment annoncé.

« Langres, le 29 juillet 1884.

« Le Maire,

« DARBOT. »

Voilà où en sont les choses au moment où je vous écris. Un mot selon moi résume la situation : les organisateurs du Centenaire n'ont pas de ministre et ils ne paraissent pas ministres.

L. F.

LANGRES, TYP. RALLET-BIDEAUD.

SEPTIÈME

A M. BIZOT DE FONTENY

Langres, ce 31 juillet 1884.

Monsieur,

A fête de l'athéisme et de la polissonnerie approche. Vos amis sont
en ce moment dans un état d'extrême
surrexcitation : on dirait que leurs
têtes sont toutes comme celles de
Diderot « pleines d'arsenic, de vitriol
et de salpêtre (1). »

M. Plateau, l'inspecteur primaire
de notre arrondissement, décroche
les crucifix dans les écoles (2).

(1) Mallet-Dupan : *Mercure britannique*, t. ii, p. 355.
(2) La scène scandaleuse à laquelle je veux faire allusion s'est

M. Legendre brûle le pavé des rues de Langres, quémandant, de porte en porte, des souscriptions pour le *grand banquet patriotique* (1).

M. Delécolle à qui un malin a fait accroire que l'un des chefs du parti conservateur avait manifesté la coupable intention de prendre dimanche matin la statue de Diderot et de l'emporter sous son bras, menace des châtiments les plus sévères, le *Code pénal* à la main, ceux qui seraient assez osés pour porter la main sur sa répugnante idole (2).

M. Naudet fait des efforts désespérés pour accoucher de son panégyrique : il paraît que du matin au soir et du soir à l'aurore il se frappe le front à coups redoublés en se disant comme jadis André Chenier montant à l'échafaud : « Et pourtant il y a quelque chose là ; » mais il paraît aussi que jusqu'ici le quelque chose s'est refusé à sortir de là.

M. Monssu bravant les fureurs de la canicule satage sur la place Chambeau, animant de son regard intelligent les ouvriers qui dressent les estrades officielles.

M. Darbot, lui, fait comme Madame de Malborough. Il monte, dit-on, plusieurs fois par jour à sa tour, ou pour mieux dire, à la tour de la cathédrale, armé d'une longue vue qu'il braque fièvreusement du côté de Paris, espérant toujours en voir venir sinon M. Fallières, du moins un sous-secrétaire d'Etat quelconque, avec le petit bout de ruban rouge qui, paraît-il, est nécessaire à son bonheur de partisan de l'égalité.

---

passée l'autre jour à l'école de filles de Prangey. — **Diderot** recommandait souvent à ses amis d' « élargir » Dieu et il voulait dire par là qu'il fallait le chasser de ses églises. M. Plateau (de Farincourt) est on le voit un parfait disciple de Diderot : il « élargit » les crucifix.

(1) M. Legendre malgré la souplesse de son échine ci-devant conservatrice récolte, parait-il, plus de refus que d'adhésions. Dimanche dernier il n'avait encore que trente quatre souscripteurs.

(2) Voir le *Spectateur* du 30 juillet.

Le collège devance ses vacances afin de pouvoir mettre ses salles à la disposition des marmitons de MM. les restaurateurs Amet et Girardot (1).

Bref, tout le monde à Langres est prêt pour la cérémonie de dimanche, tout le monde, même les conservateurs qui ont fait leurs provisions de sifflets. ·

Je me trompe, Monsieur, il y a quelqu'un qui est en retard et ce quelqu'un c'est moi.

Je vous avais annoncé dix Lettres et je ne vous en ai encore envoyé que six. Mais tranquillisez-vous. Je ne suis pas député républicain et partant je ne manque jamais à mes promesses. Vous aurez donc vos dix Lettres.

Pour ne pas oublier, voici d'abord la septième.

Diderot, Monsieur, était « évidemment dépourvu du génie dramatique (2) : » notre dernière causerie a dû vous en convaincre.

Mais me direz-vous peut-être — car je tiens à ne vous laisser aucune échappatoire et à vous poursuivre jusque dans vos derniers retranchements — mais me direz-vous peut-être, si ses pièces de théâtre

---

(1) Puisque le nom du collège revient encore une fois sous ma plume, qu'on me permette sinon de stigmatiser — le public s'en chargera, — du moins de signaler au passage le scandale donné récemment par les professeurs de cet établissement. — Quatorze de ces bons collègues de M. Tellier, ont souscrit pour la statue de Diderot. Voici leurs noms avec l'offrande de chacun d'eux : MM. Dausseur, 5 fr; Aubertot 3 fr; Terrasse, 2 fr; Truchot, 3 fr; Simonnot, 2 fr; Chanticlair, 2 fr; Brégand, 4 fr; Maitrot, 3 fr; Favier, 5 fr; Grépin 5 fr; Pettelat, 2 fr; Fourneret, 2 fr; Anonyme, 5 fr. Bauer, 3 fr.

Ces messieurs en concourant ainsi de leur bourse à la la glorification d'un athée avaient donné un mauvais exemple. Ce mauvais exemple je n'ai pas besoin de le dire a été suivi. Quarante six de leurs élèves dont on peut voir les noms à la suite des leurs dans le *Spectateur* du 27 juin dernier, ont eux aussi donné pour Diderot. Pauvres enfants ! malheureux parents !

(2) Ce mot est d'un républicain, mais d'un vrai républicain, d'un républicain par principe et non par appétit, d'un républicain dont la plume éloquente a plus d'une fois flétri, on s'en souvient, les attentats de la bande opportuniste qui nous gouverne, de l'un de

sont, comme l'a dit je ne sais plus quel auteur, « écrites avec de l'opium sur des feuilles de plomb, » il faut avouer du moins que ses romans sont incomparables.

Ce que vous dites est vrai, Monsieur. Les romans de Diderot sont réellement incomparables, seulement ils le sont dans ce sens qu'étant absolument au-dessous de tout, il n'est rien à quoi on puisse les comparer, pas plus au point de vue littéraire qu'au point de vue moral.

Ce jugement vous semble peut-être bien sévère. Mais rassurez-vous, je vais le justifier.

Diderot, comme romancier, Monsieur, a trois mortels défauts :

Ses romans d'abord au lieu d'être des peintures du cœur humain ne sont rien autre chose que des thèses de philosophie. Son *Jacques le Fataliste*, par exemple, n'est au fond qu'une longue diatribe contre le libre arbitre; son *Supplément au voyage de Bougainville*, une série d'objections contre l'unité et l'indissolubilité du lien conjugal; sa *Religieuse*, un traité contre l'institution des vœux monastiques. Il philosophe là où il devrait raconter, il vise à prouver là où il ne devrait avoir d'autre préoccupation que celle d'émouvoir : en d'autres termes, il est *incomparablement* fatigant.

La manie de disserter était commune, je le sais, à tous les romanciers du XVIIIe siècle.

Diderot avait un autre travers qui, celui-là du moins, lui était bien particulier, c'était de se mettre perpétuellement en scène dans ses romans. Sous

ces républicains enfin comme il n'y en a plus guère en France aujourd'hui, qui veulent la liberté pour tous, même pour les catholiques : on l'a deviné il est de notre compatriote M. Vacherot *(Dictionnaire des sciences philosophiques : art. Diderot)* — Le nom de M. Vacherot, je n'ai pas besoin de le dire ne figure pas parmi les souscripteurs de Diderot : l'ancien membre de l'Assemblée nationale a trop de bon sens pour s'associer à une « *œuvre de passion et de parti.* »

des noms d'emprunt, c'est toujours lui qui agit, toujours lui qui expose ses idées. Son moi, ce moi qui au dire de Pascal, est toujours haïssable, perce à chacune de ses lignes. C'est « un peintre qui crève à chaque instant sa peinture pour passer sa tête par le trou de sa toile afin qu'on le voie bien (1). En d'autres termes, les romans de Diderot sont *incomparablement* personnels, c'est-à-dire en dehors des règles, car, si je sais encore un peu de littérature, la première condition du romancier, c'est l'effacement de soi-même et le pouvoir de revêtir, par un prodige d'organisation, la personnalité des autres.

Mais ce n'est pas tout. Les romans de Diderot ont un troisième défaut : ils sont mal écrits. On n'y trouve ni invention réelle, ni relief, ni couleur, ni caractères, rien en un mot de ce qu'on appelle de l'art. C'est du moins l'appréciation qu'en ont faite tous les critiques qui les ont étudiés. Ecoutez leurs témoignages : « Les *Bijoux indiscrets*, dit Raynal (2), sont obscurs, mal écrits, dans un mauvais ton grossier et d'un homme qui connaît mal le monde qu'il a voulu peindre. » — « Dans *Jacques le Fataliste,* dit de son côté Naigeon (3), il y a trop de contes et ils n'y sont pas en général assez piquants... il faudrait le réduire des deux tiers. » — « Le *Neveu de Rameau* est déclamatoire, ajoute M. Villemain (4). » — « Il y règne un hasard perpétuel, poursuit M. Sainte-Beuve (5), je n'y trouve nulle conclusion ou, qui pis est, une impression finale équivoque. »

Je pourrais continuer ces citations, Monsieur, mais le temps me manque : ce que vous venez de lire suffira, je crois, à vous convaincre ou du moins

(1) Barbey d'Aurevilly, *Gœthe et Diderot*, p. 176.
(2) *Nouvelles Littéraires*, placées en tête de la nouvelle édition de la *Correspondance Littéraire* de Grimn, édition Garnier, t. i.
(3) *Mémoires sur la vie de Diderot*, p. 312 et 314.
(4) *Littérature du* xviiie *siècle*, t. ii, p. 132.
(5) *Causeries du lundi*, t. iii, p. 241.

à convaincre le public que les romans de Diderot sont d'une faiblesse *incomparable* au point de vue littéraire.

Mais, me direz-vous peut-être, ils ont du moins une grande valeur morale.

Je ne sais pas, Monsieur, ce que dans la langue républicaine signifie le mot valeur morale. Mais ce que je sais bien c'est que les romans de Diderot, au jugement de Paul Albert, sont « bons à jeter au panier à ordures (1) » : ce que je sais bien aussi c'est que selon le mot de M. Taine, l'auteur « y développe longuement l'équivoque sale et la scène lubrique (2) : » ce que je sais bien encore c'est que, d'après Naigeon, ils ne sont rien autre chose que les exhalaisons d'un marais pestilentiel : ce que je sais bien enfin c'est que l'auteur y est impudique à plaisir. Quand la langue française est impuissante à traduire les pensées crapuleuses qui grouillent dans son cerveau, il a recours aux idiomes étrangers. C'est ainsi, par exemple, que dans *les Bijoux indiscrets* il a inséré une dizaine de pages d'obscénités polyglottes qu'un habitant de Sodome n'eut pu lire sans rougir.

Un mot, Monsieur, résume toute cette lettre.

Les romans de Diderot sont des manuels de prostitution : il est le père de cette école stercoraire dont M. Zola est le chef aujourd'hui et dont les productions sont à la fois la honte de la république des Lettres et des Lettres de la république.

L. François.

(1) *Littérature du* xviiiᵉ *siècle.*
(2) *Ancien régime* p. 349.

HUITIÈME

A M. BIZOT DE FONTENY

Langres, ce 31 juillet 1884.

Monsieur,

En 1793, au plus fort de la tourmente révolutionnaire, Condorcet disait en parlant de Voltaire : « Il n'a pas vu tout ce que nous faisons, mais il a fait tout ce que nous voyons. »

Condorcet, Monsieur, avait raison.

Voltaire en effet est un des écrivains du XVIIIe siècle qui ont le plus contribué à l'avènement du régime de la Terreur, et quand les républicains vos ancêtres, chassaient Dieu de ses temples pour y installer à sa place comme l'a dit si éloquemment Lacordaire « le marbre vivant d'une chair publique » quand ils envoyaient à l'échafaud les plus pures et les plus nobles gloires de la France ; quand ils volaient sans vergogne au nom de je ne sais quelles lois existantes les biens des églises et des couvents, ils ne faisaient autre chose que tirer les conséquences des doctrines du patriarche de Ferney.

Je ne sais si je me trompe, Monsieur, mais il me semble que ce que Condorcet disait en 1793 de Voltaire, on peut le redire aujourd'hui de votre « illustre compatriote. »

C'est lui en effet qui est le vrai père de ce régime politique dont vous êtes un des produits, les mieux réussis, et qu'on a appelé d'un nom aussi barbare que la chose : l'*opportunisme*.

Il n'est peut-être pas une seule des iniquités législatives que vous avez sanctionnées par vos votes depuis sept ans que vous êtes député, qu'il n'ait préconisée dans ses ouvrages.

Sa politique, en d'autres termes, était exactement semblable à la votre.

C'était d'abord une politique athée. Pour lui comme pour vous le prêtre : *c'était l'ennemi*. Ecoutez ce qu'il en dit : « Le prêtre bon ou mauvais est toujours un sujet équivoque, un être suspendu entre le ciel et la terre semblable à cette figure (le *ludion*) que le physicien fait monter ou descendre à discrétion selon que la bulle d'air qu'elle contient est plus ou mois dilatée... Plus le prêtre est saint, plus il est redoutable (1) » Ailleurs il écrit : « Que la religion ne sera perdue... que lorsque les pères seront ASSEZ SÉVÈRES POUR MENACER LEURS FILS DE LEUR TORDRE LE COU S'ILS VEULENT ETRE PRETRES (2). » Ailleurs encore il dit : « Je hais les oints du Seigneur... il ne faut ni prêtres, ni Dieu. » Ailleurs enfin il déclare qu'il faut conserver les églises mais simplement comme « L'ASILE OU LES PETITES MAISONS D'UNE CERTAINE ESPÈCE D'IMBÉCILES QUI POURRAIENT DEVENIR FURIEUX SI ON LES NÉGLIGEAIT ENTIÈREMENT (3). »

Ne croirait-on pas en lisant ce dernier passage

(1) *Plan d'une Université*, édition Garnier, p. 510.
(2) Cité par M. de Lanessan dans sa conférence de 1879, p. 230.
(3) Cité par M. Caro. *Revue des deux Mondes*, n° du 1er novembre 1879, p. 126.

avoir sous les yeux un de ces entrefilets dans lesquels le rédacteur de votre journal M. Delécolle injurie trois fois la semaine en votre nom le clergé de la Haute-Marne ?

Mais Diderot ne s'est pas contenté de vilipender comme vous la personne du prêtre et son ministère : comme vous aussi il s'est préoccupé des moyens de l'avilir si possible et tout au moins de ruiner son influence.

Comme vous, il veut qu'on le chasse de l'école, et il en donne cette raison « que la morale ecclésiastique est étroite et triste (1). »

Comme vous, il veut que le jeune lévite au sortir du séminaire passe par la caserne : « le seul moyen, dit-il, d'être libre, ce serait d'être *tous soldats :* il faudrait que dans *chaque condition* le citoyen eut deux habits, l'habit de son état et l'habit militaire (2). »

Comme vous, il veut que le clergé soit sous la main de l'Etat.

Comme vous, enfin, — détail curieux et qui prouve que lorsque l'an dernier vous avez arraché leur traitement à plus de quarante des curés de notre beau diocèse, vous ne faisiez qu'exécuter un des articles du programme de Diderot, — comme vous enfin, il veut que s'il se rencontre des prêtres assez osés pour aimer mieux obéir à leur évêque qu'au chef du gouvernement « ON LES CHASSE DE LEUR POSTE, ON LES PRIVE DE LEURS FONCTIONS ET DE LEURS HONORAIRES ET ON LES JETTE DANS L'INDIGENCE (3). »

Diderot, vous le voyez, Monsieur, est le véritable inventeur de ce *culturkamf* c'est à dire de ce système persécuteur que M. Ferry n'a pas eu honte d'emprunter à M. de Bismark, pour étouffer si possible en France la religion catholique.

---

(1) Art. de M. 'ssaural dans Diderot : Célébration à Langres du 95ᵉ anniversaire de sa mort p. 175.
(2) Cité par M. de Lamenan op. cit. p. 209.
(3) *Plan d'une Université*, p. 516 et 517.

J'ai donc eu bien raison de vous dire que sa politique était une politique athée. J'ajoute et c'est le second point de ma lettre que c'est une politique absurde.

Son idéal en fait de gouvernement était l'anarchie c'est-à-dire un état de choses où non seulement chaque commune serait indépendante de l'Etat, ce qui constitue à proprement parler le *communisme*, mais où chaque citoyen jouirait, comme dit M. de Lanessan, de son « autonomie individuelle » ne reconnaissant aucune autorité ni au ciel ni sur la terre, en d'autres termes n'ayant suivant la formule aujourd'hui consacrée « ni Dieu ni maître. »

« A la rigueur, dit-il quelque part, il n'y a pas de lois pour le sage. Toutes étant assujetties à des exceptions, *c'est à lui qu'il appartient de juger du cas où il* faut s'y soumettre ou s'en affranchir (1). »

Dans un autre endroit il proclame le droit de chaque citoyen à l'insurrection : « Il n'y a, écrit-il, de bonnes remontrances que celles qui se font la bayonnette au bout du fusil (2). »

Dans l'encyclopédie enfin (3) on lit ce qui suit : « La nature a donné à tous le droit de tout, même avec offense d'un autre, car on ne doit à personne autant qu'à soi. «

Etes-vous partisan de cette dernière théorie, Monsieur ? Peut-être pas encore, mais je ne désespère pas, au train où vous allez, de vous y voir arriver.

Il y a du reste un autre terrain sur lequel vous marchez pleinement d'accord avec Diderot, c'est le terrain pédagogique.

Toutes les prétendues réformes scolaires qui grâce à vous et à vos amis ont été opérées dans ces dernières années en matière d'enseignement et dont l'*Université* elle-même commence à reconnaître l'absur-

(1) *Entretien d'un père avec ses enfants.*
(2) De Lanessan op. cit. p. 209.
(3) Art. Hobles.

dité : l'abandon à peu près complet de l'étude du latin et du grec, ces deux langues qu'on appelle langues mortes, mais qu'on devrait plutôt appeler langues immortelles, la prédominance donnée aux sciences sur les lettres, l'obligation de l'instruction, tout cet ensemble de mesures en un mot qui ont pour but et qui auront infailliblement pour résultat de faire de la France une nation de positivistes ou de byzantins, tout cela est très clairement recommandé dans les œuvres de Diderot.

Diderot, on le voit est en quelque sorte le complice de toutes les fautes politiques que vous avez commises ou laissé commettre depuis sept ans, et c'est précisément parce qu'il est votre complice que vous allez lui ériger une statue.

Eh bien érigez-la votre statue. Dans l'endroit où vous la placez, au dire de tous les gens sensés, elle gênera considérablement la voirie. Un jour viendra bientôt, j'espère, où nous pourrons la mettre à sa vraie place c'est à dire à la voirie.

L. François.

P. S. Premier août 10 heures. Au moment où je porte mes deux lettres à mon imprimeur, un de mes amis me communique le *Spectateur* d'aujourd'hui qui, je ne sais pourquoi, vient seulement de paraître. M. Delécolle y parle enfin nommément de mes lettres que jusqu'ici, fidèle en cela à un mot d'ordre reçu d'en haut, il avait feint d'ignorer.

« Il se publie à Langres, dit-il, contre Diderot, ses admirateurs et ses amis, une brochure que nous ne daignons pas qualifier, dont nous n'avons jamais parlé et dont nous ne parlerons jamais dans ce journal. C'est une malpropreté. »

Cet entrefilet rageur et impuissant appelle une réponse. Ma réponse la voici :

1° Je n'ai jamais ni eu ni manifesté le désir de voir mon travail « qualifié » par le *Spectateur*. Ses qualificatifs, je les connais. Probablement que s'il me qualifiait, il emprunterait le vocabulaire de son ami M⁰ Mougeot et m'appellerait « idiot et grande bête. » Je n'en serais pas plus avancé. Ce que je lui demande, d'accord en cela avec le public même républicain qui ne comprend rien au silence qu'il a gardé depuis deux mois, c'est d'essayer de me réfuter.

2° M. Delécolle prétend que ma brochure est une « malpropreté. » Comme la susdite brochure ne renferme rien autre chose que l'histoire véridique de Diderot, il résulte de la phrase du *Spectateur* qu'aux yeux de M. Delécolle, la vie de Diderot elle-même est une « malpropreté. » Dont acte.

Puisque je tiens de nouveau la plume, j'en profite pour avertir les douze cents et quelques abonnés qui veulent bien me lire, que ma campagne n'est pas près de finir. Quand j'aurai achevé de mettre à nu Diderot, il me restera à mettre à nu aussi ses admirateurs, c'est-à-dire à raconter la manifestation de dimanche.

Toutes mes mesures sont prises pour être bien renseigné. Une douzaine de mes amis sont venus hier gracieusement s'offrir à moi comme reporters. J'ai accepté leurs services. Ils parcoureront dimanche pendant toute la journée les rues de notre ville, se rendant compte de ce qui se fera, écoutant tous les propos qui se tiendront et surtout notant les noms des manifestants *afin que je puisse les faire connaître.*

L. F.

LANGRES, TYP. RALLET-BIDEAUD.

NEUVIÈME

A M. BIZOT DE FONTENY

Langres, ce 19 août 1884.

Monsieur,

 E Congrès vient enfin de terminer
ses travaux, je veux dire son « *bas-
tringue.* »

Tant qu'il a duré, je me suis
abstenu de vous écrire et cela pour
deux raisons : d'abord, parce que je
craignais que vous ne traitiez mes
Lettres comme vous étiez en train
de traiter tous les projets de revi-
sion de vos collègues de droite et
d'extrême gauche, c'est-à-dire que vous ne leur

opposiez la question préalable (1) : ensuite parce que je savais que vous n'étiez pas sur un lit de roses.

Sans parler, en effet, de la chaleur qui n'a pas cessé d'être sénégalienne, vous avez eu bien des crapauds à avaler durant votre séjour à Versailles.

Les amis de M. Clémenceau n'ont pas été précisèment tendres pour le groupe parlementaire auquel vous appartenez. Ils vous ont appelés « pleutres, valets de la ploutocratie, faillis, banqueroutiers, flibustiers, ramassis de drôles, fripouilles, salops, salopiauds, tas de vermine, asticots, punaises ministérielles, rosses, crétins, tas de mufles, pieds plats, vidés, plats valets, baragouineurs (2) » Je ne sais si ces épithètes étaient méritées, mais à coup sûr, elles n'ont pas dû être de votre goût.

Pour comble d'infortune, l'assemblée nationale dans sa dernière séance, comme si elle eut voulu vous punir d'avoir fait supprimer le traitement des curés de la Haute-Marne, a déclaré qu'on vous retiendrait cette année au profit des cholériques du midi, quatre vingt francs sur les neuf ou dix mille francs que vous touchez comme député (3).

---

(1) Opposer la question préalable à une proposition, en style parlementaire, c'est refuser de la laisser discuter. Tout le monde sait l'effrayante consommation de « questions préalables » que les mamelucks du ministère ont faite au dernier congrès : elle n'a guère eu d'égale que leur consommation de boissons. En dix jours ils ont bu, paraît-il, deux mille litres de bière, quatre cent cinquante litres d'eau-de-vie et trois mille bouteilles de liqueur. Or je crois que si l'on voulait bien calculer, on trouverait qu'ils ont voté plus de trente fois la question préalable. Aussitôt qu'un député ou qu'un sénateur indépendant montait à la tribune, immédiatement, on le mettait... à la question.

(2) Voir l'*Univers* du 12 août 1884.

(3) Cette décision, la seule bonne qu'ait prise le congrès, a été votée sur la proposition de M. Madier de Montjau. Voici en quelles circonstances :

Un membre de la droite, M. le comte de Terves, venait de demander qu'à l'avenir les fonctions de sénateur et de député fussent complètement gratuites. Cette motion, on le devine, avait

Connaissant les déboires de toute sorte que vous
aviez à éprouver au Congrès, j'ai cru devoir par pitié
vous accorder un armistice. Mais aujourd'hui que le

mis en émoi tout le clan républicain et en particulier les représentants de la Haute-Marne. La gratuité du mandat législatif! disait
M. le banquier Donnot, mais c'est le renversement du régime
parlementaire. — C'est « l'abomination de la désolation, » clamait
M. Dutailly, répétant, sans le savoir, un texte de l'Evangile resté
dans sa mémoire comme une relique vivante du temps où, comme
disent les étudiants, il *buchait* le prix d'instruction religieuse, au
collège de Langres. — C'est la fin de la république, s'écriait de
son côté M. Bizot, avec l'accent désespéré d'un homme à qui on
vient d'enlever son gagne pain. Pour couper court à ces éjulations,
M. Le Royer se hata de mettre aux voix la proposition de
M. de Terves, qui, je n'ai pas besoin de le dire, fut repoussée par
tous les républicains de l'assemblée. Des bravos ironiques se firent
alors entendre sur tous les bancs de la droite.

Piqué au vif par ces applaudissements, M. Madier de Montjau,
pour prouver au public que, sous le rapport du désintéressement,
la gauche n'avait pas de leçons à recevoir des réactionnaires,
· onta aussitôt à la tribune et en sa qualité de questeur de la
Chambre, demanda qu'une retenue de 20 francs par mois fut
opérée pendant les quatre derniers mois de l'année sur le traitement des sénateurs et des députés, au profit des cholériques.

Cette proposition fut adoptée à l'unanimité. M. Bizot, M. Bizot
lui même, vota pour. Seulement, si je suis bien renseigné, il vota
la mort dans l'âme et uniquement pour faire comme tout le monde.
On raconte — mais je donne ce bruit sous toutes réserves — qu'au
sortir de la séance, rencontrant M. Madier de Montjau dans les
couloirs de la Chambre, il l'interpella vivement : « Monsieur, lui
dit-il, il vous est facile à vous de vous montrer généreux, vous
être logé, chauffé et éclairé aux frais de l'Etat et vous touchez
tous les ans une somme ronde de trente-sept mille francs : moi je
n'ai que neuf pauvres mille francs. » En prononçant ces paroles,
M. Bizot avait, dit-on, la figure toute décomposée. Tout en rentrant
chez lui il fut, ajoute-t-on, obligé de se mettre au lit. Ce qui est
certain c'est que depuis ce jour sa santé est gravement altérée. Ses
nuits sont troublées par de lourds cauchemars pendant lesquels les
mots : quatre-vingts francs reviennent, assure-t-on, perpétuellement sur ses lèvres. Le chiffre de quatre-vingts lui est devenu tellement odieux qu'il a défendu à ses domestiques de le prononcer
jamais devant lui. Actuellement encore il n'est pas rétabli et lundi
dernier, écrivant à ses collègues du conseil général de la Haute-
Marne pour s'excuser de ne pas assister à leur première séance, il
donnait pour raison « sa maladie. » (Voir l'*Avenir de la Haute-
Marne* du 20 août.)

Congrès est dissous, aujourd'hui que pour le bon-heur de la France ses membres sont en vacances, je n'ai plus aucune raison de me taire et je puis reprendre les hostilités.

Le sujet dont je vais vous entretenir a perdu un peu de son actualité. Il y a plus de quinze jours en effet, que ce quelque chose de sale et qui tient de la place, qu'on appelle la statue de Diderot, s'élève comme un blasphème vivant au milieu de notre ville. Quinze jours ! au pas dont les évènements vont se précipitant, dans les temps mouvementés où nous vivons, c'est presque comme dirait Tacite un long espace de la vie humaine : *grande œvi spatium*. Mais si la question de Diderot est déjà pour ainsi dire du domaine de l'histoire ancienne, il y a quelque chose du moins qui est toujours actuel, c'est de travailler à vous démasquer. Je ne ferai donc pas une œuvre inutile en continuant la campagne que j'ai commencée à propos de la « chère œuvre de la statue. »

D'après le plan que je me suis tracé au début de notre correspondance, je dois dans cette lettre vous parler de Diderot considéré comme philosophe.

Diderot fut-il vraiment un grand philosophe ?

M. le chevalier Darbot (1) l'a affirmé dans son

---

(1) M. Darbot, je suis heureux de l'annoncer à mes lecteurs, est enfin arrivé au terme de ses désirs. Il est chevalier de la Légion d'honneur. Si j'en crois un de mes amis de Paris qui doit être bien renseigné, car il a quelque fois l'occasion de causer avec la cuisinière de M. Ferry, voici à la suite de quels joyeux débats sa nomination aurait été décidée par le gouvernement.

« C'était, m'écrit mon ami, le 2 août dernier, vers onze heures du matin. Toute la faune ministérielle, à commencer par l'aimable Hérisson et à finir par l'intelligent Labuze, se trouvait réunie chez le président du conseil. « Messieurs, dit d'un ton grincheux en faisant semblant de fouiller dans son portefeuille, M. Waldeck-Rousseau j'ai reçu une lettre dont je dois vous rendre compte. Elle est signée Darbot. » — « Qui ça Darbot, demanda curieuse-ment M. Méline, est-ce Darbot l'inventeur bien connu, d'une

discours du 3 août. Mais, vous le savez, M. Darbot
n'est guère plus apte à juger du mérite philosophique d'un écrivain, qu'un sourd à apprécier un
morceau de Mozart, ou qu'un charbonnier à prononcer sur la valeur d'une pièce de dentelles. Quand
M. Darbot a parlé, la cause n'est pas jugée et il y a
encore lieu d'examiner après lui. Examinons donc.

Lavater, Monsieur, enseigne dans ses ouvrages
qu'à chacune de nos aptitudes intellectuelles corres-
pond sur notre tête dans la région voisine de notre

nouvelle espèce de biberon. — Non pas, mon cher collègue,
répondit M. Waldeck-Rousseau, le Darbot dont je veux vous
parler n'a rien inventé. Je crois même qu'il est incapable de
faire aucune découverte. Sa lettre trahit la main d'un homme
qui n'a pas fait d'études : elle est remplie de vieux clichés et
de fautes de français : il y parle de son « attachement aux ins-
titutions que le pays s'est librement données. » (*Spectateur*, numéro
du 11 juillet). Il déclare « qu'il est heureux d'affirmer une fois
de plus ses convictions républicaines » *(ibid)* : il dit que bientôt il
espère inaugurer la statue de Diderot « en *présence* des *représentants* du gouvernement. » *(Spectateur*, numéro du 3 août).
Vous l'avez deviné, messieurs, le Darbot qui m'écrit est celui
qui, pour citer encore une de ses phrases, « préside aux destinées des Langrois, » c'est le maire de Langres.

« Il termine son épître en me demandant la croix... — « La
croix, s'écria ici M. Fallières, la croix, mais je l'ai fait enlever
de toutes les écoles primaires. » — « La croix, poursuivit
M. Martin Feuillée, mais j'ai l'intention de la faire bientôt ôter
de toutes les salles d'audience... et il se trouve un maire assez
osé pour demander la croix : A coup sûr ce maire-là est un faux
républicain. » — « Si vous m'aviez laissé achever ma phrase,
répliqua M. Waldeck-Rousseau, de plus en plus pincé, vous
vous seriez épargné et vous m'auriez épargné à moi-même votre
interruption. La croix que M. Darbot vous prie de lui accorder
n'a rien d'anti-républicain, c'est la croix... de la légion d'honneur. (Marques d'hilarité dans l'auditoire.) Sa pétition, j'allais
oublier de vous le dire, est apostillée par M. Bizot de Fonteny. »
— « M. Bizot de Fonteny, interrompit l'odoriférant M. Larose, je
le connais, Messieurs, c'est le modèle des députés ministériels.
Depuis sept ans qu'il siège à la Chambre il n'a jamais adressé
aucune interpellation un tant soit peu embarrassante, ni aucune
question un tant soit peu indiscrète à aucun cabinet. Il nous est
dévoué corps et âme. Il est assidu à toutes nos soirées. C'est à
lui, je crois, que pensait Béranger quand, en 1818, il faisait dire

cerveau, une protubérance qui est plus ou moins saillante, selon que l'aptitude dont elle est le signe, est elle-même plus ou moins développée.

Cette doctrine, je crois, a rencontré des contradicteurs. Mais le suffrage universel lui a donné

dans une de ses chansons à un député rendant compte de son mandat à ses électeurs :

> J'ai repoussé les enquêtes
> Afin de plaire à la cour
> J'ai, sur toutes les requêtes,
> Demandé *l'ordre du jour*
> Au nom du roi, par mes cris,
> J'ai rebanni les proscrits.
> Quels dinés
> Quels dinés
> Les ministres m'ont donnés.
> Ah, que j'ai fait de bons dinés !

Mettez dans ces vers, cabinet au lieu de *cours*, république au lieu de *roi*, religieux au lieu de *proscrits* et vous aurez le vrai portrait de M. Bizot. Je crois, Messieurs, qu'en considération de l'esprit ministériel qui a toujours animé et anime encore en ce moment M. Bizot, nous devons décorer son ami M. Darbot. » — « D'accord dit M. Waldeck, mais encore faut-il que M. Darbot ait rendu quelque service à la chose publique. » — « Des services, je ne sache pas que le maire actuel, de Langres, en ait jamais rendu d'exceptionnels, répondit M. Ferry : mais à défaut de services il a des titres à faire valoir. » — « Quels sont ces titres, » demanda M. Waldeck, qui, j'ignore pourquoi, histoire peut-être de chicaner le président du conseil avec lequel, on le sait, il n'a jamais été en communion d'idées, devait combattre jusqu'au bout la candidature de M. Darbot à la légion d'honneur. — « M. Darbot, répondit M. Ferry, a *été membre de la commission municipale en septembre* 1870. » — M. Waldeck-Rousseau : « Que voulez-vous dire par là ? qu'il est comme vous arrivé au pouvoir dans les fourgons des prussiens, que sa fortune politique a commencé par croître le jour où la fortune de la France a commencé à décroître ! de grâce ne rappelez pas ce souvenir : un pendu ne doit jamais parler de corde. » — M. Ferry : « M. Darbot est en outre *conseiller municipal de Langres depuis avril* 1871. » — M. Waldeck-Rousseau : « Qu'est-ce que cela prouve ? Si nous voulions décorer tous ceux qui ont été pendant treize ans conseillers municipaux de leur commune, nous aurions de quoi remplir pendant huit jours tous les suppléments du *Journal officiel.* » — M. Ferry : « M. Darbot a un troisième titre : *il est maire de Langres depuis* 1881. » — M. Waldeck-Rousseau : « Mais je ne vois rien là de bien *exceptionnel.* M. Gardiennet a lui

raison puisque, comme vous le savez, on dit d'or
dinaire : « avoir la bosse de telle ou telle chose. »
Supposons un instant qu'elle soit vraie et faisons-en
l'application à Diderot.

Palpez vous-même, Monsieur, la tête de votre

aussi été maire de Langres pendant trois ans. Pourquoi ne lui
avez-vous pas donné la croix ? » — M. Ferry : « Nous lui avons
donné autre chose : nous l'avons nommé juge suppléant. Le
quatrième titre de M. Darbot, c'est d'avoir été *élu au conseil général en 1872.* » — M. Waldeck-Rousseau : « Ce titre là, lui est
commun avec plusieurs autres conseillers généraux de la Haute-
Marne. M. Danelle, par exemple, pour ne parler que des républicains a été nommé à la même époque. D'après vos principes nous
devrions aussi le décorer. » — M. Ferry : M. « Danelle ne peut être
décoré, parce qu'il est député. Il n'a pas, du reste, à se plaindre de
nous. Nous avons fait de son fils un sous-préfet (!!!) M. Darbot
en cinquième lieu est *vice-président du conseil général depuis
août 1883.* C'est quelque chose. » — M. Waldeck-Rousseau : « Oui
c'est quelque chose. Mais c'est quelque chose qui ne lui est point
particulier. M. Noble est dans le même cas que lui. » — M. Ferry :
« M. Noble a été largement récompensé. De simple juge de paix
qu'il était, nous l'avons fait juge titulaire au tribunal civil de
Chaumont. Nous avons nommé son beau frère, M. Noël, receveur
particulier à Langres, et son jeune neveu secrétaire général de la
préfecture du Pas-de-Calais. Dernièrement encore je lui ai envoyé
les palmes d'officier d'académie. Il doit être content de nous. Il est
la preuve vivante que notre république est beaucoup humaine que
celle de 93. Celle de 93 au dire de Vergniaud dévorait ses enfants ;
la nôtre au contraire engraisse ses adeptes. M. Darbot possède un ·
sixième titre que n'a pas M. Noble. Il est *président de la société
vétérinaire et du comice agricole.* » — M. Waldeck-Rousseau : « La
présidence de la société vétérinaire est une charge purement hono-
rifique et absolument sans importance : quant à celle du comice
agricole, M. Darbot, vous le savez, n'en est investi que depuis deux
ou trois ans. Il la doit uniquement à la politique. Ce ne sont pas
là des titres sérieux à la décoration, pas plus du reste que la charge
de *secrétaire de la société d'agriculture* ou que la place *d'inspecteur
du service sanitaire des épizooties.* M. Darbot n'a jamais rien
inspecté puisque depuis qu'il est à Langres il n'y a jamais eu
d'épizootie dans l'arrondissement... » — Les arguments de M. Waldeck-
Rousseau, quoique dictés par un esprit d'opposition personnelle,
étaient tous excellents. Mais l'entêté Vosgien n'en tint aucun
compte et séance tenante un décret fut rédigé par lequel M. Darbot
(Jean-Ernest) était nommé chevalier de la légion d'honneur.
(Voir l'*Officiel* du 5 août.)

« illustre compatriote, » et dites-moi quelle est celle des bosses du philosophe que vous y rencontrez.

Est-ce la bosse de l'invention ? Assurément non. Tout le monde sait en effet que Diderot n'était rien moins qu'un *trouveur* d'idées : il n'a absolument rien découvert, pas même de nouvelles erreurs. On lui a attribué, je le sais (1), l'invention du transformisme. Cette invention, à supposer que ce soit lui qui en soit l'auteur, n'est pas de nature à lui faire beaucoup d'honneur. Les transformistes, en effet, ont de notre espèce une idée on ne peut plus dégradante. Ils prétendent que l'homme n'était à l'origine — pour parler comme M. About — qu'un « caporal d'avenir dans la grande armée des animaux, » et qu'il s'est élevé de lui-même, par une suite d'évolutions savamment combinées, jusqu'à la dignité d'être raisonnable. A les entendre, nous serions tous les deux, vous et moi, les descendants d'un singe et d'une guenon. Est-ce vraiment Diderot qui est le père de cette absurde doctrine ? Non. Le véritable inventeur du transformisme, de l'avis de tous les historiens, M. de Lanessan excepté, c'est Benoit de Maillet, ce consul de France au Caire, dont Voltaire a dit je ne sais plus où :

> Notre consul Maillet, non pas consul de Rome
> Sait comment ici bas naquit le premier homme
> Il fut d'abord poisson.

C'est seulement en 1766 que votre « illustre compatriote » commença à professer le système de l'évolution dans ses *Eléments de physiologie*. Benoît de Maillet en avait posé les bases plus de 28 ans auparavant dans son *Telliamed*.

Diderot n'a donc été, qu'on me passe la familiarité de l'expression, qu'un perroquet en philosophie. En religion il n'a été qu'un écho. Il n'y a pas une

____

(1) *Diderot* : célébration, à Langres, de son 95e anniversaire, art. de M. Lanessan, p. 134.

seule de ses objections contre le christianisme qui soit vraiment de lui : toutes ont été empruntées soit à Luther, soit à Bayle. Comme l'a dit un spirituel critique, il visait à être le Pascal de l'incrédulité et il n'en a été que le Jocrisse.

Mais, me direz-vous peut-être, si la bosse de l'invention lui faisait défaut, il avait du moins celle de méditation.

Vous vous trompez, Monsieur, dans votre diagnostic. Diderot ne saurait avoir la bosse de la méditation, d'abord parce que, comme le dit M. Caro, « il n'a jamais eu le temps de méditer sérieusement » : ensuite parce qu'il était incapable d'approfondir une idée : sa tête selon un joli mot de Voltaire, « était un four toujours trop chaud qui brûlait tout ce qu'il cuisait. » Il ne savait pas ce que c'était que de creuser une idée : plus qu'aucun écrivain du dix-huitième siècle, il manquait de ce qui, d'après Buffon, constitue le génie, c'est-à-dire de la patience. Il avait un esprit essentiellement prime-sautier, par conséquent superficiel et nullement contemplatif.

Continuez, Monsieur, à palper le chef de votre « illustre compatriote. » Voyons, dites-moi, quelle protubérance avez-vous à me signaler ?

Est-ce celle de la démonstration ? Diderot était-il un grand logicien ? Si j'interroge M. Caro, il me répond que non. « Il manque à Diderot, me dit-il, la faculté de la démonstration, sinon celle qui discute et qui nie, du moins celle qui élève des théories *sur un ensemble de preuves suivies et raisonnées...* Diderot, ajoute malicieusement l'éminent professeur de Sorbonne, appartient à cette race d'esprits qui, dédaignant de démontrer à la façon des simples mortels ce qu'ils pensent être la vérité, rendent des oracles ou font des dithyrambes à la façon des inspirés (1). » Cela revient à dire que

____

(1) *Revue des deux mondes*, numéro du 1er décembre 1879, p. 606.

Diderot est juste le contraire d'un philosophe. Le philosophe, si j'en crois le bon Lhomond, a pour habitude de ne rien affirmer qu'il ne le prouve : Diderot, au contraire, affirme beaucoup, mais il ne prouve rien.

A défaut de la bosse de la démonstration, votre « illustre compatriote » a-t-il du moins celle de la systématisation ? Est-ce une de ces intelligences synthétiques qui aperçoivent des analogies entre les idées en apparence les plus disparates et les groupent dans une puissante unité ? Assurément non. Sa philosophie est une philosophie au jour le jour, sans lien logique. « La plupart de ses œuvres, dit encore M. Caro, sont les filles de la circonstance : nées d'un incident, elles croissent par une série d'incidents favorables ; elles se développent ou s'arrêtent tout d'un coup sans que l'auteur ait marqué sa direction... Diderot n'a jamais pu être le maître chez lui, je veux dire dans l'intérieur de son esprit. Il est la proie des impressions qui l'assaillent et le dispersent. Il s'abandonne au flot que le hasard amène au travers de sa vie, qui l'élève parfois au sommet d'une vague éclairée par le soleil, puis l'instant d'après l'engloutit dans l'ombre ou le laisse en se retirant, sur le sable, sans qu'il ait essayé de résister ou de se diriger... il lui manque cette faculté logique qui poursuit l'accord fondamental entre un grand nombre d'idées et donne à l'intelligence le sentiment et la joie d'une harmonie supérieure (1). » Diderot, en d'autres termes, n'est pas la synthèse, il est au contraire le caprice personnifié.

S'il y a une bosse sur son crâne, cette bosse ne peut être que celle de la contradiction.

Votre « illustre compatriote, » en effet, Monsieur, a passé sa vie à nier le lendemain ce qu'il avait affirmé la veille. C'était un Protée ou si vous aimez

____

(1) *Revue des Deux-Mondes,* numéro du 1er décembre 1879, p. 604 et 606.

mieux un caméléon. Sa versatilité était si grande que l'abbé Barruel, de spirituelle et savante mémoire, proposait de mettre sur sa tombe cette épitaphe :

Ci-git Diderot,
Qui fut Dieu,
Qui fut animal prototype.
Qui fut chien, qui fut chat, qui fut arbre,
Qui fut homme, qui fut femme,
Qui fut philosophe
Et qui sera tout ce qu'il fut.

Inutile après cela, je crois, de poursuivre l'examen physiognomonique de la tête de Diderot. Nous pouvons conclure.

Je ne sais, Monsieur, quel sera votre avis. En attendant, voici le mien.

Comme l'a dit M. Darbot, Diderot fut vraiment un « grand philosophe. » Seulement ce fut un « grand philosophe » d'une espèce toute particulière. Ce fut un philosophe qui n'inventa jamais rien, qui ne médita jamais, qui ignorait la science de l'argumentation, qui ne sut pas coordonner ses idées et qui eût des opinions contradictoires, ou pour parler le jargon opportuniste de M. Ferry, des opinions « successives » sur tous les grands problèmes de la vie humaine : Dieu, l'homme et le monde.

En d'autres termes, Monsieur, votre « illustre compatriote » fut un philosophe sans philosophie.

Voltaire l'appelait d'ordinaire du nom de Tonplat, l'anagramme de Platon. Cette appellation était bien méritée : Diderot ne fut en effet qu'un Platon..... à rebours.

L. FRANÇOIS.

DIXIÈME

A M. BIZOT DE FONTENY

Langres, ce 22 août 1884.

Monsieur,

L'histoire rapporte qu'en montant à l'échafaud Danton dit à son bourreau : « Tu montreras ma tête au peuple, elle en vaut la peine. »

Voilà plus de deux mois, Monsieur, que je fais pour Diderot ce que l'homme des massacres de septembre réclamait de son exécuteur : voilà plus de deux mois que je vous montre sa tête.

Je vous ai successivement prouvé que ni comme homme privé, ni comme ami, ni comme fils, ni comme frère, ni comme époux, ni comme père, ni comme haut-marnais, ni comme langrois, ni comme français, ni comme enfant du peuple, ni comme homme célèbre, ni comme écrivain en général, ni comme encyclopédiste, ni comme polémiste, ni comme critique littéraire, ni comme salonier, ni comme auteur dramatique, ni comme romancier, ni comme politique, ni comme philosophe, votre « illustre compatriote » ne *valait la peine* d'être coulé en bronze.

Le *Spectateur* n'a pas trouvé un mot à dire pour défendre la mémoire de celui qu'il appelle son « saint et son fétiche (1). »

Son mutisme est une preuve indirecte de la vérité de ma thèse. Cette preuve grâce à Dieu était superflue. Mais, comme l'a dit Voltaire, le superflu est parfois chose nécessaire. et ce n'est pas sans quel-

(1) *Spectateur* du 1er août. — L'expression : « *pas un mot* » n'est peut-être pas tout à fait exacte. Sans parler, en effet, des quelques phrases encore plus maladroites qu'injurieuses que j'ai eu à relever plus haut, M. Delécolle m'a consacré deux entrefilets dans son journal. — Le premier est du 3 août. En voici le texte :

« Nous allons entretenir nos lecteurs de cette « chère œuvre de la statue, » qu'on a essayé de couvrir de ridicule, mais qui, Dieu merci ! peut braver aujourd'hui les plaisanteries les mieux aiguisées et les railleries les plus fines — ce qui n'est pas le cas, malheureusement, pour les pygmées qui osent, avec une aiguille émoussée en guise d'épée, s'attaquer aux talons du géant, du Cyclope, qui fut Diderot. »

A cela je réponds :

1° Une aiguille, même émoussée, est déjà quelque chose de passablement « *fin* » et de passablement « *aiguisé*. » La preuve que mon arme n'est pas si mauvaise que M. Delécolle veut bien le dire, c'est qu'il se plaint d'en avoir été touché et qu'il invite quelques lignes plus bas les représentants de la force publique à le protéger contre mes coups : « On se demande, s'écrie-t-il d'un ton comminatoire, pourquoi on garde encore des ménagements pour ce répugnant personnage. »

2° Le rédacteur du *Spectateur* me compare aux pygmées. La comparaison est savante, mais est-elle aussi juste qu'érudite ? Il ne me semble pas. — Les pygmées, si j'en crois mon dictionnaire, se servaient de cognées dans leurs combats. Or, d'après M. Delécolle, je n'ai pour arme qu'une *aiguille*. Je ne suis donc pas un pygmée quant à l'armure. Le suis-je dumoins quant à la taille ? La question est délicate : je ne veux pas la résoudre, nul n'est juge dans sa propre cause. Pour faire plaisir à M. Delécolle, je suis prêt à reconnaître que je ne suis qu'un nain, mais à une condition, c'est qu'il nous prouvera qu'il est lui-même un grand homme. Qui est-il ? d'où vient-il ? Son passé ne nous est pas plus connu que celui de son prédécesseur M. Boinet, et on sait que ce n'est pas peu dire. Il y en a qui prétendent qu'il a été jadis instituteur comme son copain de la *Gazette des Travailleurs*. Cela est-il vrai ? je n'en sais rien. Ce que je puis dire, c'est que M. Delécole a vraiment « le port et l'air de suffisance » des maîtres d'école de Delille. Ce que je puis dire encore c'est qu'il a aussi l'ignorance

que fierté que je constate ici que mes lettres ont réduit au silence cette succursale de la *Bavarde* qu'on appelle le *Spectateur*.

Il ne me reste plus maintenant qu'à achever ma tâche, qu'à résumer toute mon étude dans une formule courte et précise qui reste gravée dans l'esprit

par laquelle se distinguent généralement les instituteurs républicains. On ne peut lire un de ses articles sans répéter involontairement le vers bien connu d'Alfred de Musset et sans se dire : pour écrire de telles choses

Il faut être ignorant comme un maître d'école.

(Namouna II,)

Quoiqu'il en soit, les honnêtes gens de Langres seraient très heureux de connaître le passé de l'écrivain qui depuis six mois insulte régulièrement trois fois la semaine à leurs croyances et à leurs convictions. Homme rouge qui avez le verbe si haut, dites-moi, d'où sortez-vous ?

3º M. Delécolle est plus près de la vérité qu'il ne le croit, lorsqu'il appelle Diderot un Cyclope. Comme les Cyclopes, Diderot est un monstre, un monstre moral du moins : *monstrum horrendum, ingens*. Comme les Cyclopes aussi il est borgne, borgne intellectuel, j'entends, *cui lumen ademptum*, il n'a qu'un œil et encore, ainsi que nous l'avons vu en étudiant ses ouvrages, il lui lui arrive souvent de se mettre le doigt dedans.

Le second entrefilet dont m'a honoré le *Spectateur* est relatif à la Société de tir de Langres.

Dans son numéro du 10 août, M. Delécolle m'accuse d'avoir dit « une bêtise prodigieuse en affirmant que la franc-maçonnerie avait constitué un comité de propagande poussant à la création des sociétés de tir. » Il déclare que cette assertion est une « allégation ridicule » un « impudent mensonge » et il conclut en disant que je suis un « malheureux » et que j'ai commis « un acte déloyal. »

M. Delécole, on le voit par cet extrait, est comme Me Mougeot, « il n'y va pas par quatre chemins », quand il veut dire leur fait à ses adversaires. Malheureusement dans le cas présent ses injures se trompent d'adresse. Si un « mensonge impudent » a été dit, si un « acte déloyal » a été commis, si une « bêtise prodigieuse » a été imprimée, ce n'est pas à moi que le *Spectateur* doit s'en prendre. Ce n'est pas moi qui ai affirmé que les sociétés de tir étaient patronées par la franc-maçonneaie, c'est M Jean Macé. Que M. Delécolle relise ma sixième lettre (p. 118-119) et il s'en convaincra.

Un point, c'est tout.

Voilà tout ce que, après deux mois et demi de patientes études, le *Spectateur* a trouvé à reprendre dansmes Lettres. Les autres jourde mes lecteurs, comme une médaille vivante du répugnant personnage que vous avez glorifié, il y aura demain vingt jours avec vos amis.

Ma formule, Monsieur, vous savez d'avance quelle elle est. Je voudrais en guise d'épilogue vous prouver que Diderot n'a rien été autre chose qu'un apôtre d'impiété et d'immoralité. Pour atteindre ce but je n'aurai qu'à laisser parler Diderot lui-même.

Ouvrons donc ses ouvrages et lisons.

Dans une lettre à son frère en date du 29 décembre 1760, votre « illustre compatriote » appelle le christianisme, cette religion à laquelle, — comme vous du reste — il devait tout, tout jusqu'à la plume du bout de laquelle il l'insultait, « un système atroce. »

Ailleurs il déclare que toutes « les religions ne sont que des systèmes d'opinions bizarres qui n'en imposent qu'aux sots (1). »

La liberté morale n'était pour lui que ce qu'est aujourd'hui pour vous et vos amis la liberté politique, c'est-à-dire une vieille guitare : « Regardez-y de près, écrivait-il à Landors le 1er juillet 1755 et vous verrez que le mot de liberté est un mot vide de sens, qu'il n'y a point, qu'il ne peut pas y avoir d'êtres libres, que nous ne sommes que ce qui convient à l'ordre général, à l'organisation, à l'éducation, à la chaîne des événements. Voilà ce qui dispose de nous invinciblement. Il n'y a ni vice ni vertu, rien dont il faille récompenser ou châtier. »

Quant à Dieu, Diderot vous le savez, passa toute sa vie à lui faire, selon le mot de son ami Grimm, « une guerre opiniâtre (2). »

naux républicains du département qui étaient intéressés jusqu'à un ce tain point à prendre en main la défense de Diderot puisque leurs rédacteurs étaient tous membres du comité de la « chère œuvre de la statue, » n'en ont pas dit davantage que la feuille rouge de Langres.

(1) *Pensées philosophiques*, xxii.
(2) *Correspondance*, troisième partie, t. IV, p. 87.

Il suffisait, nous disent ses historiens, qu'on en prononçât le nom devant lui, pour qu'aussitôt il entrât en fureur. Le théisme de Voltaire, ce « cagot de Voltaire » comme il l'appelait d'ordinaire, le jetait dans des accès d'indignation et de colère auxquels il s'abandonnait souvent, même dans la société.

« La notion de Dieu, disait-il un jour à Mlle Voland, est excellente pour trois ou quatre têtes bien faites, mais funeste pour la généralité. Partout où l'on admet un Dieu, il y a un culte : partout ou il y a un culte, l'ordre naturel des devoirs moraux est renversé et la morale corrompue (1). »

« Il n'y a, écrivait-il à peu près à la même époque dans l'*Encyclopédie,* il n'y a aucun être dans la nature qu'on puisse appeler premier ou dernier (2). »

« Les raisonnements de l'athée, ajoutait-il, dans ses *Nouvelles pensées philosophiques,* sont ceux d'un homme qui naitrait avec toute la force de sa raison, qui deviendrait toute puissante après avoir perdu la foi. »

Diderot vous le voyez, Monsieur, était un athée déclaré, un athée convaincu, si tant est qu'on puisse être convaincu de la non existence de Dieu. C'était de plus un athée militant.

Il eut voulu arracher l'idée de Dieu du cœur de tous ses semblables. « Si je pouvais, disait-il dans la *Correspondance* de Grimn, si je pouvais anéantir pour jamais la notion de Dieu dans l'imagination et dans la mémoire des hommes, je serais persuadé d'avoir rendu au genre humain un des plus grands services qu'il put recevoir (3). »

De telles paroles, Monsieur, n'ont pas besoin de

---

(1) Cité par M. Caro. *Revue des deux mondes,* 1er décembre 1879, p. 608.

(2) Art. Encyclopédie.

(3) Cité par L. Moreau dans *Jean-Jacques Rousseau et le siècle philosophique,* p. 359.

commentaires. Si le malheureux qui les a écrites eut vécu chez les païens, il eut été brûlé vif.

Mais ce n'est pas tout. Je vous disais en terminant ma dernière Lettre que Diderot était un Platon à rebours. Je ne vous disais pas assez. Il a été quelque chose de plus. Il a été un Platon de corps de garde.

Ses ouvrages, de l'aveu de tous les critiques ne sont rien autre chose, que le catéchisme de l'impudicité.

Si vous en doutez, écoutez M. de Lamennais :

« Les écrits de Diderot, dit-il, sont un *abime d'impureté*, son nom infect et pourri ne doit jamais être exhumé du cimetière de l'oubli et *personne ne peut se résoudre à remuer cette boue* (1). »

Ecoutez M. Villemain :

« Dans l'ordre moral, écrit l'illustre secrétaire perpétuel de l'Académie française, Diderot *ne saurait être trop blâmé*, car il a fait servir au ravalement de l'homme la chaleur même de l'imagination et de l'éloquence. Là où Voltaire avait passé jetant quelque traits libres, Diderot PROFESSE *longuement la corruption* (2). »

Ecoutez M. Caro :

« Diderot, sorte de Diogène raffiné, dit cet éminent critique, réduisait toute la morale à cette unique loi « que tout ce qui est ne peut-être ni contre nature ni hors de nature » et par conséquent que ce serait « une vertu comme la continence qui serait le premier des crimes contre nature, s'il pouvait y en avoir. » Qu'on ouvre n'importe lequel de ses livres, ses romans ou ses lettres, et on sera confondu de ce gout pour les *scènes les plus graveleuses, de cette friandise d'obcénité qui attire et trouble les imaginations dépravées* à la lecture des *Bijoux Indiscrets* ou de l'*Oiseau blanc*... Il parle de sa femme à

(1) Cité par le *Gaulois* du 27 juillet, article de M. de La Brière.
(2) *Littérature française au* xviiie *siècle*, t. II, p. 133.

Mlle Voland dans des termes d'une crudité qui devaient embarrasser sa maîtresse (1). »

Mais m'objecterez-vous peut-être, les trois écrivains que vous venez de me citer, me sont tous trois suspects, le premier comme catholique, le second comme monarchiste et le troisième comme spiritualiste.

Votre objection, Monsieur, n'est pas sérieuse, mais admettons qu'elle le soit, voici des témoignages dont j'aime à le croire vous ne songerez pas à contester la valeur.

Voici d'abord celui de M. Taine, M. Taine n'est pas précisément que je sache un clérical : il a pour principe que « le viçe et la vertu sont des produits comme le sucre et le vitriol. » Eh bien voici ce qu'il dit de votre « illustre compatriote » dans son *Ancien Régime* : « Il n'y a de bonheur et de mœurs pour Diderot que dans les pays où la loi autorise l'instinct, à Otaïti par exemple, où le m riage dure un mois, souvent un jour, parfois un quart d'heure, *où l'on se prend, où l'on se quitte à volonté.* »

Ce texte est suffisamment clair n'est-ce pas ? Le suivant que j'emprunte à M. Paul Albert ne l'est guère moins (2) :

« Diderot, dit le professeur républicain du Collége de France, se complait dans *une physiologie sale, lubrique,* qui écœure. Il raille lourdement les âmes délicates qui se trouvent mal à l'aise dans cette *fange qu'il remue* et qu'il divinise (3). »

M. Schérer, un membre de la gauche sénatoriale, un rédacteur protestant du journal protestant le *Temps,* renchérit encore sur M. Paul Albert :

« Diderot, écrit-il, EST FURIEUSEMENT OBCÈNE, IL L'EST AVEC DÉLICES ET IL L'EST

---

(1) *Revue des deux mondes*, numéro du 1er décembre 1879, p. 607 et seqq.

(2) Page 285.

(3) *Littérature du* XVIIIe *siècle : Diderot.*

PARTOUT. C'EST UN ÊTRE VÉRITABLEMENT
RÉPUGNANT : J'EN SUIS FACHÉ POUR SES
FANATIQUES, LES PIEDS DE LEUR IDOLE,
TREMPENT DANS UN CLOAQUE (1). »

Un cloaque ! oui voilà bien ce qu'est l'œuvre littéraire de votre « illustre compatriote. » Lui-même en
est convenu et comme on disait autrefois en style de
droit : *Habemus confitentem reum.* Pour n'enregistrer ici qu'un seul de ses aveux, il reconnaît dans
une lettre à Mademoiselle Voland que son *Rêve de
D'Alembert* renferme « CINQ OU SIX PAGES CAPABLES
DE FAIRE DRESSER LES CHEVEUX MÈME... A SON AMOU-
REUSE (2), » et ce qu'il dit du *Rêve de D'Alembert* on
peut le dire avec non moins de raison de tous ses
ouvrages. On peut le dire de son *Supplément au
Voyage de Bougainville* qui, selon le mot de
Vauxelles, est une « vraie sans culotterie. » On peut
le dire de ses *Bijoux indiscrets* qu'il appelait lui-

---

(1) Voir *Diderot,* Paris 1880, in-18.

(2) Je ne voudrais pas, sous prétexte de faire connaître Diderot,
m'exposer au danger de porter le trouble dans l'âme de quelqu'un
de mes lecteurs. Qu'on me permette cependant, ne serait-ce que
pour remplir l'engagement que j'ai pris au début même de cette
correspondance, de donner ici deux spécimens de l'immoralité de
l'auteur de l'*Encyclopédie.* — Dans une lettre en date du 31 juillet 1762, Diderot raconte le trait d'une femme « de ses amies »
qui pour obtenir l'avancement de son mari n'a pas refusé de
commettre l'adultère. A-t-elle eu tort, a-t-elle eu raison ? Il répond
qu'elle a eu raison. — Dans son *Entretien avec Dalembert,* poussant
jusqu'à l'espèce humaine son système de physiologie sur le
mélange possible des espèces, il donne des préceptes sur l'art de
créer des êtres qui ne sont pas, sur la méthode propre ou plutôt
malpropre à poursuivre en ce sens des tentatives graduelles et
les préparations à faire subir aux espèces, pour les adapter
à ce genre d'expériences, il préconise en d'autres termes la sélec-
tion sexuelle comme moyen d'améliorer notre race. (Cfr. *Diderot,*
célébration à Langres de son 95e anniversaire, p. 116, art. de
M. Létourneau, et Caro *Revue des deux Mondes,* numéro du 15 octobre 1879, p. 836.) L'Arétin, Parny, Piron, Vadé, n'ont jamais
rien écrit de plus infect. Pour émettre de pareilles théories, il faut
vraiment, comme on l'a dit, avoir le *delirium tremens* de l'impudicité.

même « une grande sottise (1). » On peut le dire de
la *Religieuse*, qui d'après Barbey d'Aurevilly est
plein « de détails ignoblement libertins (2). » On peut
le dire de son *Introduction aux grands principes*
où il proclame « l'infaillibilité des sens. » On peut le
dire de sa *Correspondance* avec Mlle Voland dans
laquelle dit M. Caro, il ne cesse de « poser à son
amie des questions étranges de casuistique licen-
cieuse, de physiologie grivoise qui seraient mieux
à leur place au Grandval, chez le baron d'Holbach (3). » On peut le dire même de son *Encyclopédie*, car il a, paraît-il, trouvé moyen de glisser des
contes licencieux jusque dans les articles *Chi-
rurgie* (4).

Mais c'est assez de citations, il est temps de conclure. Ma conclusion, Monsieur, la conclusion qui
après les textes qui viennent de passer sous vos
yeux, s'impose à tous avec la dernière évidence,
c'est que Diderot selon l'énergique expression d'un
journal d'outre-Vosges « *sue l'impiété et la saleté
par tous ses pores* (5). »

Je vous quitte sur ce mot, Monsieur, mais en vous
quittant je ne vous dis pas : adieu, je vous dis seulement : au-revoir.

(1) Naigeon : *Mémoires sur la vie de Diderot,* p. 36.
(1) *Gœthe et Diderot,* p. 172.
(3) *Revue des deux mondes,* numéro du 1er décembre 1876, p. 584.
(4) Dassance, *Cours de littérature,* t. V, p. 140.
(5) Ce journal c'est l'organe du parti protestataire en Alsace,
c'est l'*Union d'Elsass-Lothringens.* Dans son numéro du 3 août
dernier, cette vaillante petite feuille a inséré dans ses colonnes un
vigoureux article signé C. M. et intitulé : *La statue de Diderot à
Langres,* dont voici le dernier mot : « Diderot était un pourceau
d'une incommensurable saleté et les municipaux de Langres sont
des ânes d'une incommensurable imbécilité. » Je dédie cette
phrase aux vingt-trois *laïciseurs* de notre hôtel de ville. Dans ma
troisième Lettre, on s'en souvient (p. 62), je me demandais avec
anxiété ce que penseraient nos malheureux frères d'Alsace-
Lorraine de l'apothéose de Diderot. Ce qu'ils ont pensé, le voilà.
Ils ne nous ont pas laissé le soin de le deviner, ils sont pris la peine
de le dire eux-mêmes.

J'aurai bientôt l'occasion de vous écrire de nouveau pour raconter l'histoire de la fête du 3 août.

Cette fête, permettez-moi de le redire en terminant, a été à la fois un outrage à Dieu et à la morale. Elle ne vous portera pas bonheur !

Le bras de Dieu, croyez-le bien, n'est pas raccourci. Il vient de frapper, au moment où il s'y attendait le moins, le malheureux qui, en 1880, en exécution d'un ordre du jour voté par vous, avait crocheté la porte des Dominicains de Langres (1). Il saura bien vous atteindre, vous aussi !

Je ne sais si me trompe, Monsieur, mais je crois que la kermesse maçonnique que vous avez organisée en l'honneur de Diderot, sera pour vous le commencement de la fin !

Pendant la Fronde, quand Mademoiselle de Montpensier ordonna de tirer le canon de la Bastille sur les troupes royales, un homme d'esprit faisant allusion à l'espoir que nourrissait la fille du duc d'Orléans d'épouser un jour Louis XIV, s'écria, dit-on : Voilà un coup de canon qui a tué son mari !

Les coups de canon que les républicains langrois ont tiré le 3 août dernier pour fêter l'athée et impudique Diderot, ont aussi, je l'espère du moins, tué leur député et il me semble déjà entendre tous les honnêtes gens et tous les gens intelligents de notre arrondissement, marchant l'an prochain au scrutin avec ce mot d'ordre sur les lèvres : Arrière les Mamelucks, arrière les incapables, arrière les impies !

L. FRANÇOIS.

---

(1) Voir *l'Avenir de la Haute-Marne* du 1er août.

9 782019 222369